よくわかる
# 金融機関の不祥事件対策

日本公認不正検査士協会
［編］

甘粕　潔
宇佐美豊
杉山　知
土屋隆司
［著］

社団法人 金融財政事情研究会

# はしがき

　顧客からの信用が生命線である金融機関にとって、役職員の詐欺・横領・背任行為や現金の紛失・盗難などの不祥事件の発生は、組織の存続自体にもかかわる重大なリスクであることはいうまでもありません。そのため金融機関では、他業界に先駆けて事務規程の整備や職務の分離、相互牽制などの内部管理態勢の構築を進めてきました。そして、金融商品取引法などにより内部統制整備の重要性がクローズアップされたことにより、さらなる態勢強化が図られているといえるでしょう。

　しかし、残念ながら不祥事件はなくなりません。それはなぜでしょうか。主な理由は、不祥事件を起こしてしまう人間の心理状態は、仕組みやルールの強化だけでは制御できないという点にあるといえます。すなわち、プレッシャーや不満が高じてよからぬ考えを抱いてしまう、相手の信頼を悪用してしまうなど、人間の主観により生ずるリスクへの対応は、内部統制だけでは限界があるのです。

　組織の不正対策強化を国際的に支援する公認不正検査士協会（Association of Certified Fraud Examiners, ACFE）は、「不正は帳簿ではなく人間が犯すもの」という考えのもと、不正行為の発生要因における人的な側面を重視した専門家育成プログラムを展開しています。同協会とのライセンス契約に基づき活動している日本公認不正検査士協会（ACFE JAPAN）では、そのような考え方を金融機関の内部管理態勢強化に役立てていただくことを目的に、2008年に通信講座「営業店の不祥事件・不正を限りなくゼロにする講座」（株式会社きんざい）のテキストを執筆しました。

　本書は、その内容をふまえつつ、1問1答形式により、金融機関で不祥事件の防止・発見に取り組まれている方々の疑問により効果的にお答

えするために執筆されました。執筆者は全員ACFEが認定する国際資格、公認不正検査士（CFE）の保有者であり、現役の銀行員または銀行業務経験者です。また、金融機関における不正リスクについての研究を行うACFE JAPANの銀行研究部会のメンバーとして活動しています。

　本書の構成は、不正、不祥事件とは何かという基礎知識の解説から始まり、不正に関する理論・研究や不祥事件に関連する法令等を概説したうえで、金融機関における不正対策の要点を組織全般、本部、営業店に分けて詳説するという流れになっています。上記通信講座に盛り込まれた豊富なケーススタディと併せて読むと、さらに理解を深められると思います。

　ACFEの創設者であるジョセフ・T・ウェルズは、その著書において、不正は「動機と機会が織り成す複雑な行為である」と述べています。そして、不正行為を犯す動機はだれにでも生じうるものであり、組織を人が管理している以上、不正の機会をゼロにすることは不可能といわざるをえません。

　金融機関の管理者は、部下に対して単に「ルールを守れ」というだけではなく、「人はなぜ、どのようにして不正を犯してしまうか」という不祥事件発生リスクの「人的な要因」に対する感度を高めつつ、内部管理態勢の整備・運用に努めなければなりません。執筆者一同、本書が、金融機関における不祥事件の防止に役立つことを祈ります。

　最後になりましたが、本書執筆にあたっては、金融財政事情研究会出版部の平野正樹氏に大変お世話になりました。この場を借りて、厚く御礼申し上げます。

2009年4月

　　　　　　　　　　　　　　日本公認不正検査士協会　銀行研究部会

## 【編者紹介】

### 日本公認不正検査士協会（ACFE JAPAN）

　1988年に米国で設立された公認不正検査士協会（ACFE）とのライセンス契約に基づいて、2007年に設立。ACFEが認定する国際資格、公認不正検査士（CFE）試験や不正対策セミナー、教材などをローカライズし、日本におけるACFE普及の役割を担う。ACFEは世界125カ国に約5万人の会員を有し、米国では、FBIや会計検査院、国防総省等の連邦政府機関が、不正対策に有用な資格としてCFEを正式に認めている。日本における会員数は約750人（2009年3月現在）。うち約500人がCFE資格保有者である。
ホームページ　http://www.acfe.jp/

## 【執筆者紹介】(五十音順)

### 甘粕　潔（あまかす　きよし）

日本公認不正検査士協会（ACFE JAPAN）　専務理事
1988年横浜銀行入行、国内外支店、人事部に勤務。2003年株式会社ディー・クエスト（リスクマネジメント・コンサルティング）取締役に就任。2007年12月より現職。2006～2008年法政大学ビジネススクール・イノベーション・マネジメント研究科兼任講師。2007～2008年NHK第2次コンプライアンス委員会委員。
米国デューク大学経営学修士（MBA）、公認不正検査士（CFE）

### 宇佐美　豊（うさみ　ゆたか）

十六銀行リスク統括部コンプライアンス統括グループ　主任調査役
1986年東海銀行（現三菱東京UFJ銀行）入行、国内営業店・本部各部、資産監査部、業務監査部、UFJ銀行内部監査部、三菱東京UFJ銀行監査部業務監査室に勤務。2006年4月より現職。
著書として『改訂金融検査マニュアル下の内部管理態勢Q&A』（共著、金融財政事情研究会）、『よくわかる金融内部監査』（金融財政事情研究会）
公認不正検査士（CFE）、日本公認不正検査士協会銀行研究部会幹事

### 杉山　知（すぎやま　さとる）

スルガ銀行経営企画部コンプライアンス　チーフマネージャー
1990年入行後、営業店、資産運用サポート室を経て、2003年12月より現職。
公認不正検査士（CFE）

### 土屋　隆司（つちや　たかし）

スルガ銀行　取締役・監査部管掌
1978年入行後、執行役員経営企画部企画部長、執行役員東京支店長を経て2004年6月より現職。
公認内部監査人（CIA）、公認不正検査士（CFE）

# 目　次

## 第1章　不正・不祥事件対策に関する基礎知識

- Q1　不祥事件、不祥事、不正行為……………………………………2
- Q2　金融機関における不祥事件………………………………………5
- Q3　不正リスク…………………………………………………………8
- Q4　コンプライアンス、企業倫理との関連…………………………10
- Q5　最近の不祥事件発生の背景………………………………………12

## 第2章　不正に関する理論・研究

- Q6　不正に関する主な研究……………………………………………16
- Q7　不正のトライアングル……………………………………………18
- Q8　アルブレヒトによる研究…………………………………………20
- Q9　不正実行者が示す行動面の特徴…………………………………23
- Q10　不正のトライアングルと偽装事件………………………………26
- Q11　公認不正検査士（CFE）…………………………………………28

## 第3章　不祥事件と法令等

- Q12　不祥事件に関する法令……………………………………………32
- Q13　内部統制……………………………………………………………36
- Q14　COSO………………………………………………………………39
- Q15　内部統制を強化する意義…………………………………………41
- Q16　内部統制の限界……………………………………………………43

Q17　不祥事件と金融検査マニュアル…………………………………45
Q18　不祥事件と行政処分………………………………………………47
Q19　法令等遵守違反への対処…………………………………………52

## 第4章　金融機関の不正・不祥事件対策の要点

Q20　不正・不祥事件の影響……………………………………………56
Q21　不祥事件の重大性…………………………………………………58
Q22　不祥事件の原因分析………………………………………………60
Q23　現預金着服の手口の把握…………………………………………62
Q24　不正リスクへの対応………………………………………………64
Q25　未然防止と抑止との違い…………………………………………67
Q26　完全な未然防止……………………………………………………69
Q27　倫理教育……………………………………………………………71
Q28　不正の動機…………………………………………………………73
Q29　不正の機会…………………………………………………………75
Q30　不正の正当化………………………………………………………78
Q31　不正防止と罰則強化………………………………………………81
Q32　職場離脱の徹底……………………………………………………83
Q33　人事ローテーション………………………………………………85
Q34　不正・不祥事件の早期発見………………………………………88
Q35　不正・不祥事件の兆候……………………………………………91
Q36　健全な懐疑心………………………………………………………93
Q37　不正発覚のきっかけ………………………………………………97
Q38　内部通報制度の機能向上 ………………………………………100
Q39　外部からの照会・苦情への対応 ………………………………104
Q40　性善説か性悪説か ………………………………………………107

| Q41 | 不正・不祥事件発覚後の事実調査 | 109 |
| Q42 | 調査報告書の作成 | 113 |

## 第5章 本部における不正・不祥事件対策

| Q43 | 事務リスク管理の着眼点（親類等との取引） | 118 |
| Q44 | 事務リスク管理の着眼点（経費、給与） | 121 |
| Q45 | 事務リスク管理の着眼点（融資業務） | 125 |
| Q46 | 内部監査部門としての対応 | 128 |
| Q47 | 人事部門としての対応 | 131 |
| Q48 | 事務部門としての対応 | 135 |
| Q49 | コンプライアンス部門としての対応 | 137 |

## 第6章 営業店における不正・不祥事件対策

| Q50 | 営業店管理者としての注意点 | 140 |
| Q51 | 営業店のコンプライアンス態勢強化 | 144 |
| Q52 | 営業店における不正の機会 | 146 |
| Q53 | 事故者の心理状態と行動面の特徴 | 148 |
| Q54 | 早期発見のポイント | 152 |
| Q55 | 自店検査実施上の留意点 | 155 |
| Q56 | 職員の家族や知人との取引 | 158 |
| Q57 | 部下・同僚からの報告・相談への対応 | 160 |
| Q58 | 不正発覚後の対応 | 163 |
| Q59 | 現預金の厳正な取扱い | 167 |
| Q60 | ルールの不徹底がもたらす不正・不祥事件 | 171 |
| Q61 | 店舗レイアウト・重要物保管 | 174 |

# 第1章

# 不正・不祥事件対策に関する基礎知識

## Q1 不祥事件、不祥事、不正行為

不祥事件、不祥事、不正行為は同じ意味なのでしょうか。

**A** 不祥事件は銀行法等の業法において定義された事件、不祥事は「関係者にとって不名誉で好ましくない出来事」、不正行為は役職員による意図的なコンプライアンス違反を指します。3つすべてに該当する事象もありますが、それぞれ違う意味合いをもちます。

―― 解　説 ――

工場における爆発事故や医療ミス、さらには横領事件、談合、粉飾決算、データの改ざん、ねつ造など、残念ながら毎日のようになんらかの不祥事が新聞やテレビのニュースなどで報道されています。

### 不 祥 事

「不祥事」を『広辞苑』で引くと、「関係者にとって不名誉で好ましくない事柄。事件」という意味が書かれています。上記のような事件は、当事者である組織や個人にとってはまさに不名誉で好ましくない出来事です。企業が起こしてしまう不祥事は、当事者だけでなく、顧客や取引先、株主、職員などのステークホルダー（利害関係者）全員に好ましくない事態を引き起こし、重大な社会問題にも発展します。

### 不祥事件

「不祥事件」は、字面をみただけでは不祥事とほとんど変わりませんが、用語としては金融機関に関連したより限定的な事象を示すもので、銀行法などの業法で明確に定義されています（Q2参照）。たとえば、銀行などの金融機関で起こる不祥事というと、職員による横領や浮貸

し、不良債権の隠ぺいなどの粉飾決算、個人情報の漏えい、反社会的勢力との不適切な関係、優越的地位の濫用による金融商品の販売、さらには職員による飲酒運転や暴力・痴漢行為など、いろいろな事象が思い浮かびます。しかし、これらがすべて「不祥事件」に該当するわけではありません。

銀行法では、「不祥事件」の定義は同法施行規則35条で規定されています（信用金庫、信用組合、労働金庫等協同組織金融機関においては、それぞれ別途同様の定めがあります）。

### 不正行為

「不正行為」とは読んで字のごとく不正な行為のことですが、さらにいえば、悪いと知りながら行う意図的な行為を指します（公認不正検査士協会（ACFE）が研究対象としている「不正行為」は英語で"fraud"と呼ばれるもので「意図的に相手を欺き、相手がそれを信用することによって、相手に損失が生ずる行為」を指します。日本語では詐欺行為に当たりますが、日本の刑法における詐欺罪に該当する行為だけでなく、横領や背任（汚職）、粉飾決算なども包含するより広い概念です）。不祥事や不祥事件には、悪意はなく、うっかりミスなどで起こしてしまう事故も含まれます。上記の例でいえば、工場における爆発事故などはほとんどすべて安全面での不注意が原因で起こるもので、テロリストのように意図的に爆破するわけではありません。また、金融機関の不祥事件として定められた項目（Q2参照）のうち「現金等の紛失」には、意図せざるミスや盗難による事故も含まれますし、「銀行の健全かつ適切な運営に支障を来す行為」にもシステムへのデータ入力の重大なミスなどが含まれます。

### 相互の関係

大まかにいうと、カバーする範囲は「不祥事＞不祥事件＞不正行為」

となります。

　金融機関としては、銀行法に規定された不祥事件だけに留意すればよいかというと、当然そうではありません。不祥事件に該当しなくても顧客や株主、職員などのステークホルダー、さらに広く社会全体になんらかの不利益を及ぼすような行為が発生した場合には、迅速かつ誠意ある対応が求められるのはいうまでもないことです。金融機関の役職員に求められるのは、法律に定められた不祥事件の定義を的確に理解し、届出義務違反を犯さないようにすると同時に、法律の定義にとらわれることなく、ステークホルダーを見据えて誠実な対応を常に心がけることです。

## Q2 金融機関における不祥事件

金融機関における「不祥事件」にはどのようなものがありますか。

**A** 金融機関の場合、「不祥事件」は法令で明確に定義されています。したがって、その定義に当てはまる「不祥事件」は監督当局に届けなければなりません。その他に金融機関は当該法律に則って対応しなくてはなりません。

― 解　説 ―

金融機関における「不祥事件」という言葉から、みなさんはどのようなことを思い浮かべるでしょうか。「横領」「浮貸し」「粉飾決算」「個人情報の漏えい」「反社会的勢力との不適切な関係」「優越的地位の濫用」、役職員による「飲酒運転」「暴力・痴漢行為」「賭けゴルフ」等、いろいろではないでしょうか。

これらすべてが「不祥事件」であるかといえば、そうではありません。金融機関における「不祥事件」がどのようなものかは、法令により明確に定義されています。

たとえば、銀行業務に関しては、銀行法施行規則35条7項において、不祥事件は次のように定められています。

> （略）不祥事件とは、銀行等の取締役、執行役、会計参与（会計参与が法人であるときは、その職務を行うべき社員を含む）、監査役若しくは従業員又は銀行代理業者若しくはその役員（役員が法人であるときは、その職務を行うべき者を含む。）若しくは従業員が次の各号のいずれかに該当する行為を行ったことをいう。

① 銀行の業務又は銀行代理業者の銀行代理業の業務を遂行するに際しての詐欺、横領、背任その他の犯罪行為
② 出資の受入れ、預り金及び金利等の取締りに関する法律又は預金等に係る不当契約の取締りに関する法律（昭和32年法律第136号）に違反する行為
③ 現金、手形、小切手又は有価証券その他有価物の一件当たりの金額が100万円以上の紛失（盗難に遭うこと及び過不足を生じさせることを含む。）
④ 海外で発生した前3号に掲げる行為又はこれに準ずるもので、発生地の監督当局に報告したもの
⑤ その他銀行の業務又は銀行代理業者の銀行代理業の業務の健全かつ適切な運営に支障を来す行為又はそのおそれがある行為であって前各号に掲げる行為に準ずるもの

　そして、同じく銀行法施行規則35条8項により、不祥事件発生の事実を知った銀行は、30日以内にその内容や対応について内閣総理大臣（監督当局：金融庁、実際には各地の財務局）に届け出ることが義務づけられています。したがって、上記規定に則して「不祥事件とは何か」を十分に把握しておくことが重要になります。
　なお、信用金庫、信用組合、労働金庫等協同組織金融機関においては、以下のようにそれぞれ別途同様の定めがありますが、報告実務は銀行と同様です。
　　◇信用金庫における不祥事件に関しては、信用金庫法87条1項6号、同法施行規則100条1項27号、5項、6項
　　◇信用組合における不祥事件に関しては、中小企業等協同組合法106条の3第6号、同法施行規則198条1項3号、4項、5項
　　◇労働金庫における不祥事件に関しては、労働金庫法91条1項6

号、同法施行規則83条1項23号、2項4号、6項、7項
◇農協における不祥事件に関しては、農業協同組合法97条の2第12
　　号、同法施行規則231条1項20号、4項、5項

## Q3 不正リスク

「不正リスク」とはなんですか。

**A** リスクとは「組織の目的達成を阻害する事態の発生可能性と発生時の影響度」であり、不正とは「意図的に相手を欺いて、損害を与える行為」です。したがって、不正リスクとは、組織の構成員がそのような不正行為を犯し、それにより組織が損失を被って目的の達成に悪影響が及ぶ可能性とその影響度を指します。

― 解　説 ―

　「不正リスク」とは何かを理解するためには、まず「不正」とは何か、「リスク」とは何かを理解する必要があります。まず、リスクにはさまざまな定義がありますが、金融庁企業会計審議会による「財務報告に係る内部統制の評価及び監査の実施基準」においては「組織目標の達成を阻害する要因」と定義されています。

　次に、『広辞苑』で「不正」を引くと、「ただしくないこと。正義でないこと。よこしまなこと」と定義されています。何をもって「ただしくない」とするかは、法令などの明文化されたルール、さらには社会通念や常識などの不文律により判断されます。違法行為は当然のことながらすべて不正な行為ですし、昨今の偽装問題などのように、厳密には違法行為とはいえなくても、顧客や取引業者、さらには社会全体を欺いたと判断されれば、やはり不正行為として厳しい社会的制裁を受けます。

　したがって、不正リスクとは「組織（の構成員）が、違法行為や社会規範に反する行為をしてしまう可能性とそのような行為が組織やそのステークホルダーに及ぼす悪影響の度合いの組合せ」であると定義できます。

金融検査マニュアルは金融機関を取り巻くリスクを信用リスク、市場リスク、流動性リスク、オペレーショナル・リスクなどに分類しており、不正リスクはオペレーショナル・リスクに含まれます。

　ちなみに、ACFEでは不正のなかでも「職業上の不正」（occupational fraud）という行為に特に着目し、その発生要因、実行の手口、防止・発見方法を詳しく研究しています。職業上の不正とは、「仕事上の役割や職務権限を悪用して」相手を欺き損害を与える行為を指します。銀行法が不祥事件として規定する「銀行の業務を遂行するに際しての詐欺、横領、背任、その他の犯罪行為」は、まさに金融機関役職員による職業上の不正行為に当たります。

## Q4 コンプライアンス、企業倫理との関連

不祥事件防止に向けて、各金融機関はコンプライアンス、企業倫理の徹底に取り組んでいますが、両者の関連をどう考えればよいでしょうか。

**A** コンプライアンスは法令等を遵守することです。金融機関を含む企業がコンプライアンスを徹底するためには、この「等」に含まれるものをどう見据えるかの見識が問われます。企業倫理とは、企業がその目的や理念を実現するために、ステークホルダーの存在や社会の一員として自らが果たすべき責任を的確に認識し、「何を、どこまで、どのように、なぜ」遵守すべきかの価値観を示したものといえるでしょう。

―― 解 説 ――

コンプライアンスという言葉が日本の企業で使われ始めた当初は、法令遵守と訳されていましたが、現在では、金融検査マニュアルなどでも法令等遵守と「等」をつけて表現しています。つまり、組織におけるコンプライアンスを強化するためには、法令の遵守だけでは不十分で、「法令＋α」を見据えた対応が不可欠だということです。では「＋α」をどのようにとらえればよいでしょうか。

法令の制定には時間を要するため、時々刻々と変化する社会において発生する問題すべてには対応できないという限界があります。また、法令違反ではなくても、社会の常識に反し、相手に多大な迷惑をかける行為は少なくありません。そこで、企業としては、法令を遵守することはもちろん、自社が社会的存在であることをふまえ、明文化されていない社会規範という概念にも沿った行動をとるよう万全を期さなければなりません。

企業倫理とは、法令や社会規範をふまえて「自社としては何を、どこまで、どのように、なぜ遵守するか」を明確化した企業としての価値基準ととらえると、理解しやすいと思います。自社を取り巻く環境がめまぐるしく変化するなかでコンプライアンス態勢を強化するためには、経営トップが健全な意向と姿勢を示し、その精神を倫理綱領などにより具現化して、社内に浸透させることが不可欠です。つまり、確固たる企業倫理なくしてコンプライアンスの徹底はできないといえます。

## Q5 最近の不祥事件発生の背景

「不祥事件」が頻発する背景にはどのような要因があると考えられますか。

**A** 昨今の金融機関を取り巻く環境がいろいろな要因から大きく変化した結果、不正リスク（不正行為の発生可能性と影響度）に影響を及ぼしていると考えられます。もう一点は、各金融機関が不祥事件をより積極的に公表するようになったことが考えられます。

### 解説

インターネットのニュースサイトには数多くの企業不祥事が報道されています。そして、残念ながら金融機関役職員による不祥事件の報道も少なくありません。金融機関の不正・不祥事件がこれほど目立って報道されるようになったのは比較的最近のことです。なぜ不祥事件の報道が急増しているのでしょうか。その原因としては次の2つが考えられます。

1つは、金融機関を取り巻く環境が、次のような複合的要因により大きく変化し、不正リスクを高めているためです。

　◇金融の自由化・国際化による競争の激化
　◇経営効率化に伴う雇用慣行・形態の変化（終身雇用・年功型給与から成果・能力重視へ、非正規職員の増加）
　◇勤務先に対する役職員の意識の変化
　◇上記に伴う従来の人事・事務管理システムの陳腐化

もう1つの重要な側面として、企業の社会的責任、情報開示（ディスクロージャー）への要請の厳格化、当局による利用者保護の姿勢の強化などにより、各金融機関が不祥事件を従来以上に積極的かつ迅速にウェ

ブサイトなどを使って公表するようになったことも注目に値するでしょう。最近他業界で相次いだ偽装事件でも明らかなとおり、社会の目が厳しくなるなか、起こしてしまったことを企業が隠したり取り繕ったりすると、企業への制裁は格段に厳しくなります。その結果、金融機関の自主的な開示が促され、不祥事件も報道されやすくなったという傾向もあるでしょう。

# 第2章

## 不正に関する理論・研究

## Q6 不正に関する主な研究

不正に関する主な研究にはどのようなものがありますか。

**A** 不正に関する研究は犯罪学や社会学の分野で進んでいます。米国の犯罪学者クレッシーによる横領の発生要因に関する研究などが有名です。

― 解 説 ―

ACFEでは、不正リスクの人的要因に着目し、犯罪学や社会学の分野における研究成果も活用しながら、「人はなぜ悪いと知りながら不正行為をするのか」に対する理解を体系的に深めることの重要性を強調しています。

横領や偽装などの不正行為に関する研究は、米国の犯罪学者エドウィン・H・サザランド（Edwin. H. Sutherland, 1883―1950）の研究に端を発しているといわれています。サザランドは、1939年にホワイトカラー犯罪という用語を提唱し、それは、現在でも組織の役職員による経済犯罪を総称する概念として使われています。

ACFEが主たる研究対象とする職業上の不正行為（occupational fraud：職務上の立場や権限を悪用して勤務先を欺き、損害を与える行為）に関しては、サザランドの教え子であるドナルド・R・クレッシー（Donald R. Cressey, 1919―1987）が1949年から1951年にかけて行った、横領犯への詳細な聞取り調査に基づく研究成果（詳しくはQ7参照）が、現代の企業不祥事の要因分析にも用いられています。

クレッシーの研究は、半世紀以上も前の米国において行われたものですが、その有効性は現在でも世界的に認められています。たとえば、企業の会計監査や内部統制監査を行う日米の公認会計士の監査基準や実務

指針のなかにも、クレッシーの研究成果に基づく仮説が「不正リスク要因」として採用されています。したがって、金融機関が役職員による現預金横領の原因分析や防止策の検討をする際にも役立つといえるでしょう。

　その他、W・スティーブ・アルブレヒト（W. Steve Albrecht）らによる不正を犯す個人、組織の特徴に関する研究（Q8参照）、リチャード・C・ホリンガー（Richard C. Hollinger）とジョン・P・クラーク（John P. Clark）が行った、職場における職員による逸脱行為に関する調査研究なども参考になります。

## Q7 不正のトライアングル

「不正のトライアングル」とはどのような概念なのでしょうか。

**A** 「不正のトライアングル」とは、米国の犯罪学者ドナルド・R・クレッシーが、横領という不正行為を題材に行った実証研究により導き出された仮説を指します。人は横領を犯す「動機」をもち、横領を犯せる「機会」を認識して、自らの横領行為を「正当化」できる理由を見出したときに、横領行為に踏み出すという3つの要因を強調したことから、トライアングルという俗称がつけられています。この仮説は、現在では公認会計士向けの監査基準や実務指針にも取り入れられています。

― 解　説 ―

犯罪学者として著名なドナルド・R・クレッシー（Donald R. Cressey, 1919 ― 1987）は、1949年から1951年にかけて、横領の発生要因に関する研究を行いました。より具体的には、「雇用主から信頼され、資産の管理を任された人間が、なぜその信頼に背いて横領をしてしまったのか」という点に強い関心をもち、人が「背信行為」に及ぶ原因の解明を試みたのです。

当時は「横領の発生要因は脆弱な内部統制や不十分な監査システムにある」という論調が主流でしたが、クレッシーは、それらは横領の根本的な原因ではないと主張し、「横領は、当事者が雇用主の信頼に意図的に背くことにより発生する」という側面に着目しました。

自分の主張を立証するため、クレッシーは、当時米国内の3つの刑務所の許可を得て、詐欺・横領の罪で収監されていた503人のなかから、裁判資料等によって「①雇用主の信頼を得て就職した当初は誠実に仕事をしていたが、②なんらかの理由でその信頼を裏切り犯行に及んだ」と

いう条件を満たす者133人を選びました。そのうえで、彼らに犯行の理由などについて詳細なヒアリングを実施しながら、背信行為の発生要因に関する仮説の構築と検証とを繰り返したのです。

その結果、横領という「意図的な背信行為」は、当事者の心理状態が次の3つの要因の影響を同時に受けたときに起こりやすくなるという仮説を確立しました。

① 他人に打ち明けられない金銭問題を抱えてしまったという心理的プレッシャーを感ずる（心理的プレッシャーによる横領の動機の高まり）。

② 信頼されて金銭の取扱いを任された立場を利用すれば、周りにみつからずにその金銭問題を解決できるという認識をもつ（横領の機会の認識）。

③ その解決策を実行しても、信頼された人物としての自分のイメージを損なわないですむような理由づけを考えつく（横領行為の正当化）。

1953年にクレッシーは、この研究成果を *"Other People's Money - A Study in the Social Psychology of Embezzlement"*（他人のお金―横領の社会心理学に関する研究）という著作により発表しました。その後、この仮説は3つの要因になぞらえて「不正のトライアングル」と呼ばれるようになり、ACFEの教育体系や公認会計士の実務指針などにも、不正の発生要因を考えるためのフレームワークとして採用されています。

クレッシーの「不正のトライアングル」

## Q.8 アルブレヒトによる研究

職業上の不正に関する「アルブレヒトによる研究」とはどのような内容のものですか。

**A** 職業上の不正に関する研究の先駆者であり、ACFEの初代Presidentも務めた、米国ブリガムヤング大学教授W・スティーブ・アルブレヒト（W. Steve Albrecht）による研究です。彼は、他の研究者とともに、内部監査人協会（Institute of Internal Auditors）の支援を得て、不正事例の詳細な研究を行い、不正を犯した個人、不正が発生した組織の特徴をまとめました。

### 解説

アルブレヒトは、他の2人の研究者と共同で、1980年代はじめに内部監査人協会調査研究財団の助成により、不正事例212件を分析しました。この研究は、不正調査の経験をもつ企業の内部監査人に対して、不正を犯す者の特徴に関するアンケート調査を行うという方法で実施されました。

アルブレヒトらによる研究成果は、"Deterring Fraud : The Internal Auditor's Perspective"（不正の抑止：内部監査人の視点）というタイトルで、1984年に出版されました。

この研究においてアルブレヒトらは、心理的プレッシャー、機会、誠実性（integrity）をキーワードにして、職業上の不正の危険信号となりうる50の有力な兆候を抽出し、それらを「犯人の性格」と「組織環境」との2つのカテゴリに分類しました。

そのうえで、アンケートの対象となった内部監査人が、「自分が調査した不正行為において、それぞれの兆候がどの程度みられたか」をラン

クづけしたものを集計しました。その結果、「犯人の性格」「組織環境」についてみられた不正の兆候の上位10項目はそれぞれ次のようになりました。

〈犯人の性格〉
① 自分の資力を超えた（分不相応な）生活をしている。
② 個人的利益への欲求を抑えられない。
③ 多額の個人負債を負っている。
④ 顧客とのつながりが密接である。
⑤ 給料が自分の責任に見合っていないと感じている。
⑥ 自分はやり手である、仕事ができるという態度をとる。
⑦ 組織体制の抜け穴をみつけようという意欲が強い。
⑧ 過度のギャンブル癖がある。
⑨ 家族または同僚からの過度な心理的プレッシャーを感じている。
⑩ 業務実績がまったく認められていない。

〈組織環境〉
① 主要な職員に過度の信頼を置いている。
② 取引の承認に関する適切な手順が決められていない。
③ 個人的な投資や収入の状況を十分に開示していない。
④ 資産に関する取引承認と当該資産管理との職務が分離されていない。
⑤ 業績の独立したチェックが行われていない。
⑥ 詳細への注意が十分に払われていない。
⑦ 資産管理とその会計との職務が分離されていない。
⑧ 会計機能の職務が分離されていない。
⑨ 権限と責任とが明確に分かれていない。
⑩ 内部監査人による監査の頻度が低い。

それぞれの項目をみると、「犯人の性格」については、Q7で解説したクレッシーの仮説にある「他人に打ち明けられない金銭的プレッシャーがもたらす動機」と密接に関連しているといえます。また、「組織環境」については、過度の信頼、不十分な職務の分離、不明確な手順、チェック機能の弱さなどが、クレッシーの仮説における「機会の認識」を高めていると関連づけることができます。

　さらに、この研究の結論としてアルブレヒトらは不正スケールという概念を考案しています。それは、「状況がもたらす心理的プレッシャー」「不正を犯す機会の認識」「個人の誠実性」の3点に着目した考え方で、心理的プレッシャーと機会の認識が高く、誠実性が低い場合に不正リスクは高まるという考え方です。

　クレッシーの仮説と比較すると、「心理的プレッシャー」と「機会の認識」とはほぼ同じ考え方ですし、不正スケールにおける「個人の誠実性」が低下すると、クレッシーの仮説における「不正の正当化」を招きやすいという点でも、双方の考え方は類似しているといえます。

　このように、アルブレヒトらによる研究結果は、多くの点で前述したクレッシーの仮説を裏付けるものだといえるでしょう。

## Q9 不正実行者が示す行動面の特徴

不正行為を犯す者が示す共通の特徴はありますか。

**A** ACFEが2008年7月に公表した米国における職業上の不正の動向調査結果のなかに、横領等の不正行為を犯している者が示す、典型的な行動面の兆候が示されています。また、前述したクレッシーによる「不正のトライアングル」の仮説や、アルブレヒトらの研究成果として示された、不正実行者に共通する性格なども参考になります。

### 解　説

不正を犯す動機をもった者がその表情や言動に明確な危険信号を示してくれれば、不正の防止には理想的です。たとえば、職員が横領を犯す前には、ほぼ間違いなく「通常の収入では支出を賄えない状態」が生ずるといえ、それにより多額の借金を抱えるようなことになれば、本人の表情や挙動がいつもと違ってきたり、債権者からの電話が職場にも頻繁にかかってきたりするなどの危険信号が点灯する可能性はあります。

さらに、普段からルールを軽視する言動が目立つ人は、そうでない人よりも不正を犯す可能性は大きいといえるかもしれません。

また、不正行為は一度実行したら発覚しないように隠ぺいし続ける必要があります。そのため、自分の仕事の内容や作成した書類などを他の人にチェックされるのを避けようとしたり、隠ぺい工作のために早朝、深夜、休日などに1人で作業をすることが多くなったりという行動が目立つようになるケースもあります。以下に示すACFEの調査結果には、公認不正検査士（CFE）が実際に調査をした不正事件の実行者が不正の実行前後に示していた特徴が件数の多い順に示されています。

クレッシーの「不正のトライアングル」を参考にして、どのような人

## ACFE「職業上の不正と濫用に関する国民への報告書2008年版」より

| 不正の兆候を示す行動（件数順） | 件数 | 割合 | 損失(中央値) |
|---|---|---|---|
| 分不相応な生活をしている<br>Living beyond means | 370 | 38.6% | US$250,000 |
| 経済的に困窮している<br>Financial difficulties | 327 | 34.1% | US$111,000 |
| 「やり手」「策士」的な（不誠実さを感じさせる）態度をとる<br>Wheeler-dealer attitude | 195 | 20.3% | US$405,000 |
| 統制上の問題、自分の職務を他人と分担したがらない<br>Control issues, unwillingness to share duties | 179 | 18.7% | US$250,000 |
| 離婚、家庭内の問題を抱えている<br>Divorce/family problems | 164 | 17.1% | US$118,000 |
| 納入業者や顧客と異常に親密な関係にある<br>Unusually close association with vendor/customer | 146 | 15.2% | US$410,000 |
| 怒りっぽい、興奮しやすい、疑い深い、身構えている<br>Irritability, suspiciousness, or defensiveness | 130 | 13.6% | US$180,000 |
| （薬物、ギャンブル等への）依存の問題を抱えている<br>Addiction problems | 128 | 13.3% | US$225,000 |
| 過去に法律問題を抱えていた<br>Past legal problems | 83 | 8.7% | US$184,000 |
| 過去に雇用関連の問題を抱えていた<br>Past employment-related problems | 76 | 7.9% | US$163,000 |
| 報酬が不十分だと不満をいう<br>Complaining about inadequate pay | 70 | 7.3% | US$132,000 |
| 休暇取得を拒否する<br>Refusal to take vacations | 65 | 6.8% | US$250,000 |
| 組織内から過度なプレッシャーを受けている<br>Excessive pressure from within organization | 62 | 6.5% | US$388,000 |
| 不安定な生活状況にある<br>Instability in life circumstances | 47 | 4.9% | US$58,000 |
| 家族や同僚から成功への過度のプレッシャーを受けている<br>Excessive family/peer pressure for success | 40 | 4.2% | US$90,000 |
| 権限がないことに対する不満をいう<br>Complaining about lack of authority | 35 | 3.6% | US$120,000 |

が不正の「動機」を抱えやすいか、不正の「機会」を認識しやすいか、不正を「正当化」しがちかを考え、「不正のトライアングルが形成されやすい人」のプロフィールを作成すると、不正リスクへの感度を高めるのに役立つでしょう。

## Q10 不正のトライアングルと偽装事件

「不正のトライアングル」の仮説は、いわゆる「偽装事件」の要因分析には役に立つのでしょうか。

**A**　「不正のトライアングル」の仮説は、横領に関する研究によって導き出されたものですが、仮説が示す、不正の「動機」「機会」「正当化」の3要素に基づく考察は、昨今多発している粉飾決算や製品に関するデータ偽装事件など、横領以外の不正行為の発生原因を究明するうえでも一定の効果を発揮するといえます。

―――― 解　説 ――――

　横領を研究対象としたクレッシーは、他人に打ち明けられない金銭問題が強いプレッシャーとなり、不正の動機を高めるという仮説を展開しました。売上の架空計上による粉飾決算、食品の成分や消費期限の虚偽表示、建築資材の耐久性能の虚偽申告などの偽装事件においては、横領における金銭問題とは異なるものの、やはりなんらかの問題が当事者に強いプレッシャーをもたらし、それを他人と共有できないために不正の動機が生じてしまうと考えることができます。

　また、偽装事件においても、チェック体制の不備や役割・権限の集中、過度の信頼による放任などが不正の機会をもたらし、強いプレッシャーが倫理観を鈍らせ、不正行為を正当化させてしまうという共通点を見出すことができます。

　次の表は、偽装事件全般において不正のトライアングルを形成しうる要因をまとめたものです。

**偽装事件において不正のトライアングルを形成しうる要因**

| | |
|---|---|
| 動 機 | ・業績や成果に関するプレッシャー（「業績予想を下回ると株価を維持できない」「目標を達成できないと賞与の査定に大きく響いてしまう」など）<br>・時間や期限に関するプレッシャー（「早く製品検査に合格しないと業務に支障が出てしまう」など）<br>・判断ミス等の失敗から生じたプレッシャー（「発注しすぎて、作りすぎて売れ残ってしまった」「計算ミスにより基準が満たせなくなってしまった」など）<br>・プライド、責任感、周囲の期待、職場のコミュニケーション不足、風通しの悪さ、上司との関係<br>⇒周囲には相談できない問題となる。 |
| 機 会 | ・管理不行き届き（チェック体制の不備、上司の怠慢、放任など）<br>・専門性の高い業務で、他者にはよくわからない（役割・権限の集中）<br>・組織・部署ぐるみ（悪しき慣行）<br>⇒「偽装してもみつからないだろう」という認識 |
| 正当化 | ・会社の（上司の）期待に応えるためには仕方がない。<br>・実質的には、衛生面、安全面で問題がない。<br>・この程度のことは、業界ではよくあること。他社もやっている。以前からやっている。 |

## Q11 公認不正検査士(CFE)

不正リスク対策の専門資格で「公認不正検査士」というものがあると聞きましたが、それはどのような資格ですか。

**A** 公認不正検査士は「Certified Fraud Examiners」(略称CFE)の日本語訳で、公認不正検査士協会(Association of Certified Fraud Examiners、略称ACFE)という米国の団体が認定する、不正対策の専門資格です。米国を中心に世界125カ国で2万人以上のCFEが活躍しています。

**解 説**

### ACFE

ACFEは1988年に米国テキサス州オースティンにおいてジョセフ・T・ウェルズという人物により設立されました。ウェルズは大学で会計学を専攻して公認会計士(CPA)の資格を取得、大手監査法人勤務を経て米国連邦捜査局(FBI)の特別捜査官に転職しました。そして、かの有名なウォーターゲート事件を含む数多くの横領、詐欺、汚職など(いわゆるホワイトカラー犯罪)の捜査に約10年間従事しました。

FBIを退職して不正リスク対策のコンサルティング業務を始めたウェルズは、公認会計士とFBI捜査官という2つの異なる専門的立場から不正事件の調査をした経験をもとに、「財務・会計の知識が豊富で、数字から異常を見抜くことのできる会計士と、容疑者の言動から心理状態や犯行の動機などを察知する感度を備えた捜査官との強みを融合すれば、有能な不正対策エキスパートを育成できる」と考えました。そして、不正対策のコンサルティング業務を通じて知り合った犯罪学者のドナルド・R・クレッシー博士(Q6、7参照)らとアイデアを温めた結果、現在のCFEの資格体系を作り上げ、それを普及させるべくACFEを設立し

たのです。

### CFEの資格体系

CFEの資格体系は以下の4分野から成り立っており、資格試験もこれら4科目で構成されています。

　◇財務取引と不正スキーム
　◇犯罪学と倫理
　◇不正調査
　◇不正の法的要素

資格試験に合格し、実務経験等の要件を満たした者に付与されるCFEは、次の5つの領域で組織の不正対策に貢献できる専門的人材の証として、国際的に認知されています。

　◇不正リスクに対する組織の問題点（内部統制の不備など）を見出す。
　◇不正対策強化のためのアドバイスを提供する。
　◇不正な取引を発見・追跡するために、データや記録を精査する。
　◇面接を通じて、関係者から不正疑惑の解明に必要な情報を入手する。
　◇不正検査の結果を報告書にまとめ、経営陣や依頼人に的確に報告し、必要により助言する。また、専門家証人として法廷で証言する。

### CFEの役割

CFEは、当初は不正発覚後の「調査人」という印象が強かったのですが、ウェルズは不正対策における未然防止の重要性を当初から力説していました。21世紀に入り、米国においてエンロンやワールドコムの巨大会計スキャンダルを契機にサーベンス＝オクスリー法（SOX法）が成

立すると、不正の手口や発見・調査方法に関する知識を生かして組織の不正防止に貢献する役割が、CFEに対して強く期待されるようになりました。その結果、特に2002年以後会員数は急増し、2009年に入り、世界125カ国に5万人を超える会員を擁するまでになりました。

　日本においては、2008年末現在、公認会計士や金融機関を含む企業の内部監査、コンプライアンス部門の方々を中心に、約500人のCFEが活躍しています。

　米国ではCFE資格の価値が着実に高まっており、FBIや米国会計検査院、国防総省などが、捜査官や監査人への推奨資格としてCFEを公式に採用しています。また、ACFE本部では、米国労働省に対して、同省が定める職業分類に不正検査士（Fraud Examiner）という職業を新設するよう働きかけています。これが実現すれば、不正対策専門職としてのCFEの認知度がさらに高まることが期待できます。

# 第3章

# 不祥事件と法令等

## Q12 不祥事件に関する法令

「不祥事件」に関する法令にはどのようなものがありますか。

**A** 刑法を中心として、出資の受入れ、預かり金及び金利等の取締りに関する法律（いわゆる「出資法」）、不正競争防止法、民法等、その対象となる法令は広範囲にわたります。

―― 解　説 ――

　金融機関の経営者・管理者としては、不正リスクへの対応力を強化し、部下そして自らの身を守るためにも、不祥事件の法的要素に関して基本的な知識を備えておくことが必要です。

　銀行法施行規則35条7項において不祥事件の定義が5項目に分けて示されています（Q2参照）。ここでは、その1つとして明記されている、銀行の業務を遂行するに際して生ずる詐欺、横領、背任行為を中心に解説します。

### 詐欺罪（刑法246条）

　詐欺行為とは、「人を欺いて財物を交付させたり、財産上の不法な利益を得たりするなどの行為」を指します。簡単にいえば「金融機関の役職員が顧客をだまして誤認させ、自分に現金を預けさせる行為」が該当します。

　たとえば、「金利の高い商品があるから」と顧客にうそをついてそのように誤認させ、高利回り商品作成のためと偽って現金を預かる行為は詐欺に当たります。刑罰は10年以下の懲役です。

　また、金融機関においては、顧客をだましてオンライン端末操作により顧客の預金から不正に出金する行為もあります。その場合は電子計算

機使用詐欺罪（刑法246条の2）が適用されます。

### 横領罪（刑法252条）

横領行為とは、「自分が他人から預かっている他人の物を自分のものとしてしまう行為」を指します。

たとえば、信用金庫の役員が預かった信用金庫のための拠出金を自分の借金返済に使ってしまった場合には、横領罪が成立します。刑罰は5年以下の懲役です。

さらに、横領行為が業務の過程で行われた場合には業務上横領罪（刑法253条）が成立し、10年以下の懲役と、一般の横領罪よりも厳しい処分を受けます。渉外担当者が訪問先で現金を預かる、窓口担当者が顧客から現金を受理して収納するなどの行為はともに「業務上」に当たります。

一方、「他人が預かっている他人の物」を自分のものとしてしまう行為には窃盗罪（刑法235条）が適用されます。

たとえば、ATM内の現金の精査を担当した職員がATM内の現金を盗んだ場合は、自分が預かっていたわけではないことから、窃盗罪が適用されます。

### 背任罪（刑法247条）

背任行為とは「他人のために事務処理をする者が、意図的にその任務に背いてその他人に財産上の損害を加える行為」を指します。

たとえば、金融機関の支店長が融資規程に反して信用力のない企業に融資を実行し、回収不能となった場合は、背任罪が成立します。刑罰は5年以下の懲役または50万円以下の罰金です。

なお、株式会社の取締役、監査役等による背任行為は会社法960条により「特別背任罪」に問われ、有罪となった場合には「10年以下の懲役

若しくは1,000万円以下の罰金に処し、又はこれを併科する」というように厳しい刑罰が適用されます。

### その他の刑法犯罪

顧客から預かった預金届出印を勝手に使い、顧客の筆跡を真似て預金の払戻請求書を作成し、資金を引き出す行為や、カラーコピー等で預かり証や預金証書を偽造する行為などに対しては、私文書偽造罪（刑法159条）、偽造私文書行使罪（刑法161条）などが適用されます。

人の事務処理を誤らせる目的をもって、その事務処理に用いられる「電磁的記録」を不正に作成する行為に対しては、電磁的記録不正作出罪（刑法161条の2第1項）が適用されます。電磁的記録には権利、義務に関するもの（例：オンラインで結ばれている銀行の預金元帳ファイル）、事実証明に関するもの（例：各種証明書等のデータベース上の記録）が該当します。刑罰は5年以下の懲役または50万円以下の罰金です。

### 出資法等

銀行法施行規則35条7項2号には、「出資の受入れ、預り金及び金利等の取締りに関する法律」（いわゆる「出資法」）または「預金等に係る不当契約の取締に関する法律」に違反する行為が不祥事件としてあげられています。これらは、浮貸しや導入預金などの不正行為に適用されます。

顧客情報その他の営業上の機密事項を意図的に外部に漏えいさせた場合には、不正競争防止法2条により、営業秘密に係る不正行為に対する罰則が適用されます。

### 民事責任（損害賠償請求）

金融機関職員の不法行為により損害を被った者は、民法709条（不法

行為)、715条(使用者の責任)に基づいて、加害者本人や加害者の使用者である金融機関に対して損害賠償請求をすることができます。

## Q13 内部統制

「内部統制とは何か」を部下にわかりやすく説明するためのポイントを教えてください。

**A** 金融庁企業会計審議会が定めた「財務報告に係る内部統制の評価及び監査の基準」に示されている、内部統制の4つの目的および6つの基本的要素に着目して説明すると、内部統制の要点を理解しやすくなります。また、部下一人ひとりが内部統制の担い手であるという意識を高め、積極的な参加を促すことも重要なポイントです。

― 解　説 ―

「財務報告に係る内部統制の評価及び監査の基準」(以下「基準」という)においては、内部統制は次のように定義されています。

> 内部統制とは、基本的に、業務の有効性及び効率性、財務報告の信頼性、事業活動に関わる法令等の遵守並びに資産の保全の4つの目的が達成されているとの合理的な保証を得るために、業務に組み込まれ、組織内のすべての者によって遂行されるプロセスをいい、統制環境、リスクの評価と対応、統制活動、情報と伝達、モニタリング(監視活動)及びIT(情報技術)への対応の6つの基本的要素から構成される。

つまり、内部統制とは基本的に、4つの目的の達成を目指して6つの要素を高めていく取組みであると考えると理解しやすいといえます。

まず、上記4つの目的それぞれの重要性は容易に理解できるでしょう。また、企業会計審議会は、「それぞれ固有の目的ではあるが、お互

いに独立して存在するものではなく、相互に密接に関連している」と解説しています。たとえば、「事業活動に関わる法令等の遵守」が徹底されている組織においては、資産の取得・使用・処分が適正に行われ「資産の保全」を十分に図ることができます。さらには、営業現場から経理部門まで、勘定処理や会計に関するルールも重視され、「財務報告の信頼性」を確保することができます。そして、最終的に、そのような企業ではミスや不正による損失がなく、業務が整然と進められるため、「業務の有効性及び効率性」が向上するということです。

　次に、このような目的を達成するために何をすればよいかについては、内部統制を構成する6つの基本的要素に沿って説明することができます。「基準」には以下の6つが示されています。

　① 　統制環境：組織の気風を決定するもの。組織構成員の意識に影響を与え、他の基本的要素の基礎となる（誠実性および倫理観、経営者の意向および姿勢、経営方針および経営戦略、取締役会や監査役会の機能、組織構造および慣行、権限および職責、人的資源に対する方針と管理などが環境を醸成する）。

　② 　リスクの評価と対応：リスクを識別、分析、評価し対応する。

　③ 　統制活動：経営者の指示命令を適切に実行するための方針、手続を明確化する（職務分掌、権限、業務プロセス等の規程整備）。

　④ 　情報と伝達：組織や関係者相互間の情報およびその適切なコミュニケーションを確保する。

　⑤ 　モニタリング（監視活動）：内部統制の有効性を継続的に監視、評価する（現場で実施する日常的なモニタリング、独立して実施する内部監査など）。

　⑥ 　IT（情報技術）への対応：業務の実施において組織内外のITに適切に対応する（IT環境への対応、ITの利用および統制）。

　営業店のマネジメントに即して考えると、営業店長による経営方針の

明確化と率先垂範、店内の業務における役割分担（権限と責任）の明確化、人材の積極的な育成と納得感のある評価などが健全な「統制環境」を築くための要素といえます。「統制活動」は、本部が定める規定や店内ルールに則った業務を徹底することに尽きるでしょう。「情報と伝達」はいわゆるコミュニケーションの活性化であり、特に「悪いこと、困ったことほど早く相談」を徹底することが重要です。「モニタリング」は店内検査の実施や内部監査部門との連携、「ITへの対応」は、勘定系や情報系のオンラインの利用方法に関する知識・スキルの向上などにより高めることができます。

最後に、企業会計審議会の基準では、内部統制を「業務に組み込まれ、組織内のすべての者によって遂行されるプロセス」であると位置づけています。したがって、部下に対しては、一人ひとりが内部統制の担い手であり主役であるということを強調することにより、主体的な取組みを促すことができます。

## Q14　COSO

内部統制関連の本などでよくみるCOSO（コソ）とは、何を意味するのでしょうか。

**A**　「COSO」（コソ）とは、"Committee of Sponsoring Organizations of the Treadway Commission"（トレッドウェイ委員会支援組織委員会）の略号で、1985年に米国公認会計士協会、米国会計学会、財務担当経営者協会、内部監査人協会、全米会計人協会（現在の全米管理会計士協会）の5団体により設立された組織です。COSOが発表した組織の内部統制に関するフレームワークは日本を含めた各国の内部統制基準にも取り入れられています。

### 解説

　COSOが設立された背景には、1980年代米国において社会問題化した、さまざまな組織で続発した不正会計（不正な財務報告）事件があります。その問題に対処すべく、1985年に、米国証券取引委員会委員を務めたトレッドウェイを委員長とするトレッドウェイ委員会が組織され、1987年に「不正な財務報告」と題する最終報告書を発表し、そのなかで組織による財務報告の信頼性向上に向けた49の勧告を示しました。

　同委員会はその最終報告において、内部統制への取組みについては、さらなる検討と実用的なガイドラインの策定が必要であるとの勧告を行い、その役割を終えました。その勧告を受けて組織されたのがCOSOで、1992年および1994年に内部統制のフレームワークに関する報告書を公表し、現在でも活動を続けています。

　2006年6月には、中小規模公開企業がCOSOの内部統制フレームワークを適用する際のガイドラインを公表しました。また、全社的リスクマ

ネジメント（ERM）に関するフレームワークも公表しています。

COSOが示した内部統制のフレームワークは、現在では内部統制の議論をする際の国際的な共通概念としての地位を確立しているといえ、日本においても、金融商品取引法が定める内部統制報告制度の基準のなかに次のような記述があります。

> 国際的な内部統制の枠組みとして、米国のCOSO（トレッドウェイ委員会支援組織委員会）の内部統制の基本的枠組みに関する報告書（以下「COSO報告書」という。）などがあるが、本基準においては、国際的な内部統制議論がCOSO報告書をベースとしていることにかんがみ、COSO報告書の枠組みを基本的に踏襲しつつも、我が国の実情を反映し、COSO報告書の3つの目的と5つの構成要素にそれぞれ1つずつ加え、4つの目的と6つの基本的要素としている。
> （平成19年2月15日企業会計審議会「財務報告に係る内部統制の評価及び監査の基準並びに財務報告に係る内部統制の評価及び監査に関する実施基準の設定について（意見書）」）

つまり、金融商品取引法により義務づけられた財務報告に係る内部統制報告制度の基準もCOSOのフレームワークをベースとしつつ、資産の適正な取得、使用、処分の重要性を強調するために「資産の保全」を目的に加え、IT環境の飛躍的進展をかんがみて「ITへの対応」を基本的要素に加えることで、日本企業へのより有効な適用を目指しています。

## Q15 内部統制を強化する意義

会社法や金融商品取引法の成立とともに、内部統制の強化が声高に叫ばれていますが、部下は「やらされ感」をもちがちです。彼らに、内部統制を強化する意義をどのように説明すればよいでしょうか。

**A** 内部統制強化の一番の目的は、組織が業務を有効かつ効率的に進め、ミスや不正行為により損害を被ることがないようにすることです。したがって、部下に対しては、「内部統制の整備・運用への取組みは、とりもなおさず自分たちが仕事を円滑かつ効果的に進めるために必要不可欠なこと」であり、主体的かつ積極的に取り組む価値があると、前向きなトーンでその意義を説明することが大切です。

### 解　説

　内部統制というと堅苦しい響きがあるかもしれませんが、これは英語の"internal control"の訳で、組織の内部管理態勢全般を指す言葉です。用語自体は米国におけるサーベンス＝オクスリー法や日本の金融商品取引法の施行によってにわかにクローズアップされた感がありますが、組織が業務を有効に進めるための取組みですから、いままでにない新しい概念ということではなく、あらゆる組織において以前から行われていることだといえます。

　たとえば金融機関の営業店でいえば、次のような通常の管理活動はすべて内部統制への取組みに該当します。

　　◇各自の担当職務を明確化し、業務を効率的に分担する。
　　◇オンラインにアクセスする際には、端末に必ず自分のオペレータ
　　　番号を登録する。

第3章　不祥事件と法令等　41

◇異例取引は、必ず役職者の承認を得てから行う。
　◇役職者は定期的に決められた項目について自店検査を行う。

　金融商品取引法により内部統制の定義や上場企業として達成すべき内部統制の基準が明確に示されたことは、従来、ともすると漠然と行ってきた内部管理活動を、組織全員の共通認識のもとに強化する契機となるという点で、大変意義深いことです。「内部統制、内部統制」といわれると、現場では「いままでの仕事に加えてさらに面倒なことをさせられる」という否定的な印象を抱いてしまうかもしれません。しかし、実際にはそうではなく、管理者にとっても担当者にとっても、仕事をより有効かつ効率的に進め、ミスや不正行為が起こらないようにするという、自分たちのための取組みにほかなりません。

　営業店では、特に営業店長以下の役職者がこのような前向きな姿勢で内部統制強化に率先して取り組むことが重要です。

## Q16 内部統制の限界

内部統制には限界があるといわれていますが、それはどのような理由からですか。不正リスクとの関連はありますか。

**A** 金融商品取引法による内部統制報告制度の法制化にあたり策定された、金融庁企業会計審議会の基準においては、内部統制には限界があると明記されています。その主な理由は、内部統制はその仕組みを構築・運用する人間自らが犯すミスや不正、想定できない事態には対応しきれないこと、さらには統制を強化するにあたっては費用対効果を勘案しなくてはいけないことなどです。

### 解説

金融商品取引法が定める内部統制報告制度に関する基準として、2007年2月に金融庁企業会計審議会が公表した「財務報告に係る内部統制の評価及び監査の基準」には、次のとおり内部統制固有の限界が示されています。

① 内部統制は、判断の誤り、不注意、複数の担当者による共謀によって有効に機能しなくなる場合がある。

② 内部統制は、当初想定していなかった組織内外の環境の変化や否定形的な取引等には必ずしも対応しない場合がある。

③ 内部統制の整備及び運用に関しては、費用と便益との比較衡量が求められる。

④ 経営者が不当な目的のために内部統制を無視ないし無効化ならしめることがある。

これらの限界の多く、特に①と④は人的な要因によりもたらされるといえます。すなわち、人間の知識・認識不足や判断ミス、悪意などが内

部統制という「仕組み」の機能を阻害してしまうということです。不正リスクとの関連でいえば、「共謀する複数の担当者」や「内部統制を無視する経営者」などが不正行為の主体となり、想定外のリスクの存在や異例取引等の盲点をついて不正の実行・隠ぺいを謀り、モニタリングをする管理者や監査部門などの「判断の誤り、不注意」が不正の機会を助長してしまうという形で連関します。

　したがって、内部統制の有効性を高めるためには、経営者や管理者がこれらの「限界」の存在を十分に認識したうえで、人間が犯すミスや不正行為がもたらす「人的リスク」に対する感度や対応力を継続的に向上させなければなりません。

　人的なリスク要因をふまえた不正・不祥事件対策の強化は、今後の金融機関経営に不可欠な内部統制の強化と密接不可分の取組みといえます。

## Q17 不祥事件と金融検査マニュアル

「不正・不祥事件」と「金融検査マニュアル」との関連はどのようなものですか。

**A** 金融検査マニュアルの「法令等遵守態勢の確認検査用チェックリスト」および「オペレーショナル・リスク管理態勢の確認検査用チェックリスト」にその内容を見出すことができます。

― 解 説 ―

「不正・不祥事件」対策と金融検査マニュアルとの関連は、主として「法令等遵守態勢」および「オペレーショナル・リスク管理態勢」に見出すことができます。

### 法令等遵守態勢の確認検査用チェックリストとの関連

不正・不祥事件は、主に法令等遵守（コンプライアンス）が徹底されないことが原因で発生しますので、当然のことながら、「法令等遵守態勢の確認検査用チェックリスト」には不正・不祥事件への対応に関連する以下のような記述が多数盛り込まれています。

◇法令等違反行為の未然防止のために、研修や朝礼等による職員等に対する周知徹底がなされているか。

◇コンプライアンス・マニュアルに「役職員が法令等違反行為の疑いのある行為を発見した場合の連絡すべき部署等」を明確に規定しているか。

◇通報を通じて「法令等違反行為の疑いがあると判断した場合には、速やかに事実関係を調査させ、その事実が法令上の届出の対象となる不祥事件に該当するか検証し、必要な場合には速やかに

届出を行う態勢」を整備しているか。

## オペレーショナル・リスク管理態勢の確認検査用チェックリストとの関連

　同チェックリストにおけるオペレーショナル・リスクの定義には、「役職者の活動が不適切であることにより金融機関が損失を被るリスク」が含まれており、さらに、同チェックリストの別紙1で事務リスクを「役職員が正確な事務を怠る、あるいは事故・不正等を起こすことにより金融機関が損失を被るリスク」と定義しています。不正・不祥事件が発生するリスクは、オペレーショナル・リスク（事務リスク）の典型例であり、同チェックリストには以下のとおり不正・不祥事件対策上重要なポイントが満載されています。

　◇事故防止の観点から、連続休暇、研修、内部出向制度等により、最低限年1回1週間連続して、職員（管理者も含む）が職場を離れる方策をとることの重要性（Q32参照）

　◇特定の職員を長期間にわたり同一部署の同一業務に従事させないように、適切な人事ローテーションを確保することの重要性（Q33参照）

　◇各業務部門の管理者および営業店長が不正なことを隠蔽しないような態勢を整備することの重要性

## Q18 不祥事件と行政処分

金融庁は不祥事件が発生した金融機関に対してどのような判断基準で行政処分を行っているのでしょうか。

**A** 金融庁は、不祥事件が発生し、業務運営の適切性に疑義が生じた場合には、必要に応じ銀行法24条に基づき報告を求め、重大な問題があるときは、銀行法26条に基づき業務改善を命ずるとしています。金融庁では、①当該行為の重大性・悪質性、②当該行為の背景となった経営管理態勢および業務運営態勢の適切性、③その他に、行政による対応に先行して、銀行自身が自主的に利用者保護のために取り組んでいるといった軽減事由の有無という3つの要因を勘案しつつ、それ以外に考慮すべき要素がないかどうかを吟味したうえで、最終的な処分の内容を決定しています。

―― 解 説 ――

### 行政処分の基準

金融庁による行政処分については、以前から処分の基準が不明確であり、どのような基準や事案があった場合に処分の対象となるか明確ではありませんでした。そのため、金融庁は、平成19年2月13日に開催された経済財政諮問会議金融・資本市場ワーキンググループにおいて、「行政処分の基準」を示しました。その内容については、「金融上の行政処分について」と題してホームページ上に「行政運営の基本的な考え方」「基本原則」「行政処分の公正性・透明性の確保」について公表し、そのなかに行政処分の基準を開示しています。

行政処分については、他の金融機関等の予測可能性を高め、同様の不祥事件の発生を抑制する観点から、財務の健全性に関する不利益処分

等、公表により対象金融機関等の経営改善に支障が生ずるおそれのあるものを除きすべて公表しています。当局は、その際には、原因となった事実関係および根拠となった法令・条文等を必ず明示することにより、予測可能性を高めるよう努力しています。

また、行政処分事例集を取りまとめて、四半期ごとに公表しています。さらに、「行政機関の保有する情報の公開に関する法律」の適用により、毎年多数の情報公開請求に応じています。

内容については、主要行向けの総合的な監督指針Ⅱ－5－1－1（行政処分）および中小・地域金融機関向けの総合的な監督指針Ⅲ－6－1－1（行政処分）に、記載されています。

不祥事件等の行政処分を検討する際には、金融庁は、①当該行為の重大性・悪質性、②当該行為の背景となった経営管理態勢および業務運営態勢の適切性、③その他に、行政による対応に先行して、銀行自身が自主的に利用者保護のために取り組んでいるといった軽減事由の有無という以上の3つの要因を勘案するとともに、それ以外に考慮すべき要素がないかどうかを吟味することとなっています。

### 当該行為の重大性・悪質性

上記指針において、重大性・悪質性については、次の8点が考慮されることになりました。

① 公益侵害の程度

当該金融機関が、たとえば、顧客の財務内容の適切な開示という観点から著しく不適切な商品（たとえば高リスク商品）などを組成・提供するなどして、金融市場に対する信頼性を損なうなど公益を著しく侵害する行為をしていないかです。「金融市場に対する信頼性を損なうなど公益を著しく侵害する行為」というのは例えであり、ポイントは「公益を著しく侵害する行為」を行った

場合は処分の対象となる可能性があるということです。
② 利用者被害の程度
　「利用者被害の程度」とは、被害が広範囲にわたって多数の利用者や顧客が被害を受けたかどうかについて検討し、個々の利用者や顧客が受けた被害が金額的にどの程度深刻かについても考慮します。顧客保護の観点から、被害の程度が広範囲にわたり、多数の利用者が被害を受け、かつ、被害の程度が金額的にも精神的にもどの程度深刻かについても、当局は検討します。
③ 行為自体の悪質性
　「行為自体の悪質性」については、たとえば、利用者から多数の苦情・要請を受けているのにもかかわらず引き続いて同様の商品を販売し続けるなど、金融機関の行為が悪質であったかについても検討します。「行為自体の悪質性」についても、客観的基準ではなく主観的になる可能性もあります。
④ 行為が行われた期間や反復性
　「行為が行われた期間や反復性」については、当該行為が長期間にわたって行われていたか、1年以内などの短期間のものだったか、また反復・継続してその行為が行われたものかも検討します。さらに、1回限りのものか、あるいは過去に同様の行為が行われたことがあるかなど行為が行われた期間や反復性についても検討します。この期間と反復性が重要なポイントとなっています。
⑤ 故意性の有無
　「故意性の有無」については、当該行為が違法・不適切であることを事故者が認識しつつ故意に行われたか、あるいは過失によるものかが基準となります。当然ですが、故意性がある場合は行政処分の対象となる可能性が大きくなります。

第3章　不祥事件と法令等　49

⑥ 組織性の有無

　当該行為が現場の営業担当者個人の判断で行われたものか、あるいは管理者もかかわっていたか、さらに経営陣の関与があったかが基準となります。営業担当者単独よりも管理者が加担し、かつ経営陣の関与等があった場合は、処分の可能性が大きくなります。

⑦ 隠ぺいの有無

　問題を認識した後に隠ぺい行為はなかったかがポイントとなります。隠ぺいがある場合には、それが組織的なものであったかが検討されます。組織的な隠ぺい行為がある場合は、処分の可能性が非常に大きくなります。

⑧ 反社会的勢力との関与の有無

　最後に、反社会的勢力との関与はなかったかです。反社会的勢力との関与がある場合には、どの程度なのかが問われます。

## 当該行為の背景となった経営管理態勢および業務運営態勢の適切性

次の4点が検証の対象になります。

① 代表取締役や取締役会の法令等遵守に関する認識や取組みは十分かです。経営陣の法令等遵守態勢に対する認識は十分あるか、取組みは十分かなどについて検討します。
② 内部監査部門の体制は十分か、また適切に機能しているか、内部監査部門の態勢整備が十分機能し、適切であるかが検討されます。
③ コンプライアンス部門やリスク管理部門の体制は十分か、また適切に機能しているか、さらに、コンプライアンス部門やリスク管理部門の体制は十分か、適切に機能しているかを検討します。

④　業務担当者の法令等遵守に関する認識は十分か、また社内教育が十分になされているかなどを検討します。

### 軽減事由
　以上のほかに、行政による対応に先行して、金融機関自身が自主的に利用者保護や顧客保護のために改善策等を実施するなど改善対応に十分取り組んでいるといった「軽減事由」があるかも検討されます。

### 行政処分内容の決定
　上記の諸要因を勘案するとともに、それ以外に考慮すべき要素がないかを吟味したうえで、以下の点等について検討を行い、最終的な行政処分の内容を決定しています。
　①　改善に向けた取組みを金融機関の自主性に委ねることが適当か。
　②　改善に相当の取組みを要し、一定期間業務改善に専念・集中させる必要があるか。
　③　業務を継続させることが適当か。

### チェック体制等
　金融庁は、行政処分の内容を検討するにあたって公平性を欠くことがないよう、過去の処分事例等を勘案し、また複数の課室において慎重にチェックする態勢をとっています。

## Q19 法令等遵守違反への対処

法令等違反行為の疑いがあると判断した場合に、金融機関はどのように対処すべきですか。また、その場合に金融機関として留意すべき事項にはどのようなものがありますか。

**A** 金融検査マニュアルに「管理者は、法令等違反行為の疑いがある場合は、事実関係を調査させ、不祥事件等に該当する場合は、金融庁等へ届出を行う態勢を整備しているか。また、金融商品取引法上の適時開示を適切に行う態勢となっているか」という内容のチェック項目があり、金融機関は法令等違反行為に対する処理態勢を整備することが求められています。

### 解説

### 管理者による「法令等違反行為処理態勢」

金融検査マニュアルの法令等遵守態勢の確認検査用チェックリストⅡ.1.(2)⑤（法令等違反行為処理態勢）に「管理者は、法令等違反行為の疑いの通報があった場合等、コンプライアンス関連情報の分析や通報を通じて、法令等違反行為の疑いがあると判断した場合には、速やかに事実関係を調査させ、その事実が法令上の届出の対象となる不祥事件に該当するか検証し、必要な場合には速やかに届出を行う態勢（他の適切な部署に調査、検証、届出を行わせることを含む。）を整備しているか。また、金融商品取引法上の適時開示を適切に行う態勢となっているか」というチェック項目があります。

一般的にチーフ・コンプライアンス・オフィサー（CCO）やコンプライアンス・オフィサー（CO）などと呼ばれる、法令等遵守態勢を整備する管理者には、次のことが求められています。

まず、法令等遵守態勢整備を行う管理者は法令等違反行為の疑いがあるとの通報があった場合等、コンプライアンス関連情報を分析することが求められています。その結果、管理者が法令等違反行為の疑いがあると判断した場合には、速やかに調査を担当する部門（一般的にはコンプライアンス統括部門、内部監査部門や人事部門）に事実関係の調査を命じます。

調査の結果判明した事実が法令上の届出の対象となる不祥事件に該当する場合は、速やかに届出を行うように態勢を整備していることが求められています。不祥事件については、銀行法施行規則35条7項（Q2参照）に規定されています。

また、金融商品取引法上の適時開示が必要な場合は、適時開示を適切に行う態勢が求められています。

### 留意すべき事項

金融庁への不祥事件等届出に際し、金融機関が特に留意しなければいけないのは、銀行法施行規則35条7項1号の「銀行の業務又は銀行代理業者の銀行代理業の業務を遂行するに際しての詐欺、横領、背任その他の犯罪行為」（注：下線は筆者による）の対象となるかです。詐欺、横領については、厳密にいえば金額が1円でも犯罪行為となり、そのため不祥事件等届出の対象となります。不祥事件等の対象金額の基準をいくらにするかなど決定するのはなかなかむずかしい問題ですが、各金融機関独自の判断基準となっています。

不祥事件等届出の対象金額を「1件当りの金額が100万円以上」と勘違いをしていることもあるようですが、これは銀行法施行規則35条7項3号に規定する「一件当たりの金額が百万円以上の紛失（盗難に遭うこと及び過不足を生じさせることを含む。）」（注：下線は筆者による）のことであって、詐欺、横領、背任その他の犯罪行為については、同規則35条7

項1号に該当する不祥事件であることをしっかり理解しておいてください。

　不祥事件が発生した場合の手順を規定した不祥事件等対応マニュアル等を作成している金融機関はだいぶ増えてきましたが、作成中の金融機関もあるようです。不祥事件等対応マニュアル等については、策定の目的、統括部署、調査・報告体制、改善対応策、フォロー体制、警察等への対応などを網羅した詳細な手続の策定、運用が求められています。

# 第4章

# 金融機関の不正・不祥事件 対策の要点

## Q20 不正・不祥事件の影響

不正・不祥事件が発生すると、企業にはどのような影響が考えられるでしょうか。特に金融機関についてはどのような影響が考えられますか。

**A** 企業不祥事が企業に与える影響には、役職員の詐欺や横領による直接的な金銭的損失はもちろんのこと、調査にかかる費用、モチベーション低下による営業不振、再発防止策のための費用など間接的な金銭的損失が発生します。さらに、金融機関にとってこわいのは信用の低下です。失った信用の回復は容易ではありません。

― 解　説 ―

不正・不祥事件が発生することによる直接的な影響（被害）として、役職員の詐欺や横領による金銭的な損失があります。横領・着服した金銭を事故者が弁済できない金額が直接的な被害額となります。しかし、金融機関における横領事件では、事件発覚後、本人や親族、または身元保証人などから弁済されるケースが多く（ACFE JAPAN銀行研究部会による、2005年～2007年に発生した金融機関における横領事件のサンプリング調査では、横領された金額の約8割が回収されています）、全体として直接的な被害額は大きなものではありません。

被害額が弁済された場合には直接的な金銭的損失は回復されます。しかし、横領・着服された金銭が「顧客から預かっている大切なお金」であることが事態を深刻なものにします。ご存知のとおり、金融機関は「信用」によって成り立つものです。不祥事件の発覚によって「顧客から預かった大切なお金をたやすく横領されてしまうような金融機関」との印象を顧客がもったとしたら、その金融機関に対する「信用」は失墜

したということになります。その失われた「信用」の回復は容易ではありません。「信用」を基盤として成り立っている金融機関が、「信用」を失うということは、その存在意義を失うことに等しいものがあります。

　また、間接的な被害として、不祥事件の発生はさまざまなコストがかかります。事件が発覚すれば調査が実施されます。調査対象は事故者本人のみならず周辺関係者にも及び、過去何年にもわたる記録が徹底的に調べられます。その間営業店は調査に協力しなければなりません。事故が起こった営業店の営業に対するモチベーションは大きく低下します。そして不祥事件は発覚から1カ月以内に監督当局に報告し、厳しい再発防止策が求められることとなり、その後の営業にも少なからぬ影響を与えることとなります。

　プライスウォーターハウスクーパース（PwC）は不正行為が組織にもたらすコストを次のように整理しています（2007年に公表した経済犯罪に関する世界規模の調査 "The 4th biennial Global Economic Crime Survey" より。訳は筆者による）。

　　◇直接的な損失
　　◇事態収拾への対応にかかる管理コスト
　　◇ブランドの毀損
　　◇従業員の士気への影響
　　◇外部の取引先との関係悪化
　　◇規制当局への対応にかかるコスト
　　◇規制当局との関係悪化
　　◇株価の下落

　このように企業不祥事にかかるコストは甚大であることを十分認識し、不祥事件の発生を未然に防止することが重要です。

## Q21 不祥事件の重大性

部下に不祥事件の重大性を認識させるためにはどのような話をするのが効果的でしょうか。

**A** 「不祥事件は他人事ではないこと」「不祥事件を起こすと自分や関係者が非常に辛い思いをすること」の2つを部下に理解させることが重要です。そのためには、実際に起こった不祥事件を題材にして、当事者や関係者がどれだけ深刻な影響を受けたかということを具体的に認識させるとともに、自分（が所属する組織）にも同様のことが起こりうるということを理解させるのが効果的です。

――― 解　説 ―――

　新聞やインターネットなどで不祥事の報道に接すると、私たちは「なんと愚かなことを」と考え、他人事としてとらえがちです。しかし、不正の動機はだれにでも生じうるということを忘れてはなりません。

　部下に不祥事件の重大性を認識させるためには、まず「自分も不祥事件の当事者となりうる」ということを部下に理解させ、自分の問題としてとらえるように意識づけすることが重要です。そのためには、実際に起こった不祥事件を題材にして、その発生要因を不正のトライアングルなどに即して分析し、自分や自分の上司・同僚も同じような動機を抱え、不祥事件を起こしてしまうかもしれないと認識させることが重要でしょう。

　次に、自分が不祥事件を起こしてしまうと、自分自身が懲戒処分を受けたり刑事告訴されたりするのはもちろんのこと、家族や同僚、上司、会社全体、顧客、同業他社などさまざまな関係者にも多大な迷惑をかけるということを認識させます。昨今では、不祥事を起こした企業が、営

業停止処分を受けるとともに、長年築いたブランドや信用力を瞬時に失って経営破たんし、多くの職員が職を失うという事態も珍しくありません。自分の身勝手な行動が取り返しのつかない事態を招きうるのだということを強く認識させる必要があります。

　Q20であげた「不正行為が組織にもたらすコスト」をみても、コンプライアンス違反のコストがいかに深刻なものかを具体的にイメージすることができるはずです。特に事業の多角化や株式上場により企業規模が拡大すればするほど、不正がもたらす損失も甚大になるのは容易に想像がつきます。

　加えて、研修においては、不祥事件のコストというネガティブな面だけを強調するのではなく、誠実な企業として高い評価を得ることが、取引拡大や株価上昇にもつながるということも示すとよいでしょう。

## Q22 不祥事件の原因分析

対策強化のためには、不祥事件の原因分析が必要といわれますが、具体的にどのようにしたらよいでしょうか。

**A** 「不正のトライアングル」を活用し、発生要因を「動機（プレッシャー）」「機会」「正当化」に分類することで、不祥事件をより深く分析することができます。また、過去の不祥事件と比較することで、不祥事件の真因がより明確になる場合もあります。

### 解　説

「不正のトライアングル」（Q7参照）を用いることにより、不祥事件が発生した原因を、人的要因も加味してより明確に把握することができます。また、対応策を策定する場合も具体的な対応策がつくりやすくなります。

たとえば、現金を扱う職員が横領を行った場合、横領行為については「5W1H」（何を、いつ、だれが、どこで、なぜ、どのようにして）で分析しようとする傾向が一般的に行われる分析です。

しかし、それでは発生原因の真因やその事案を取り巻く環境等が考慮されないで、不祥事件の分析が終わってしまい、また、新たな不祥事件の火種を残したままになります。

一方、「不正のトライアングル」を用いれば、不祥事件の表面の事象だけをとらえるのではなく、犯人やその周辺の人たちからヒヤリングした内容や物的証拠等をより論理的に分析することが可能になります。

具体的には以下が考えられます。

　①　ヒヤリング内容等を「不正のトライアングル」の要素で振り分ける。

② それぞれの要素に応じて、対応策を検討する。
③ 検討策の優先順位をつける。
④ 検討策の重複の排除、絞り込みを行う。
⑤ 費用対効果を検討し、優先順位をつけ、対応策の実施スケジュールを策定する。
⑥ その実施状況をフォローしていく。

　また、こうした対応以外に、過去に発生した不祥事件との比較を行うことも重要でしょう。

　従前の不祥事件との比較を行うことにより、過去の対応策の不十分な点や弱点が浮き彫りにされる場合も多くあります。

　したがって、発生した不祥事件の個別分析のメドが立った段階で、過去の不祥事件との比較を「不正のトライアングル」を用いて行えば、より有効な対応策を策定することが可能になるでしょう。

## Q23 現預金着服の手口の把握

金融機関において、役職員が現預金を着服する手口にはどのようなものがありますか。

**A** ACFEでは、現預金着服の手口を「スキミング（入金処理前の着服）」「ラーセニー（入金処理後の着服）」「不正支出（正当な出金を偽装した着服）」の3種類に大別し、それらをさらに複数の手口に細分化して、防止・発見策を検討しています。

― 解　説 ―

ACFEによる不正の体系図をもとに、金融機関の役職員が犯しうる現金・預金着服の手口をまとめると、図のようになります。

スキミング（入金処理前の着服）は、渉外担当者や窓口担当者が預金作成、投信購入、納税などのために顧客から預かる現金を顧客の依頼ど

金融機関の役職員が犯しうる現金・預金着服の手口

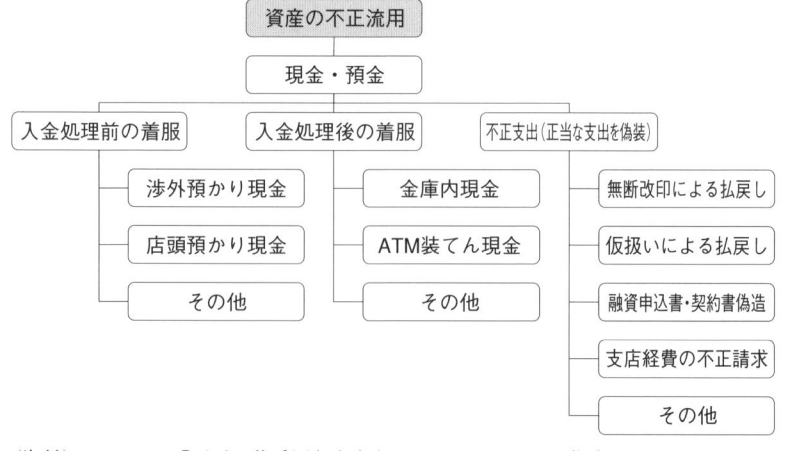

```
資産の不正流用
    │
  現金・預金
    │
 ┌──┼──────┬──────┐
入金処理前の着服  入金処理後の着服  不正支出(正当な支出を偽装)
 │        │          │
渉外預かり現金   金庫内現金     無断改印による払戻し
 │        │          │
店頭預かり現金   ATM装てん現金   仮扱いによる払戻し
 │        │          │
 その他      その他      融資申込書・契約書偽造
                    │
                  支店経費の不正請求
                    │
                   その他
```

（資料）　ACFEの「不正の体系図」をもとにACFE JAPANが作成。

おりに入金処理せずに着服するケースがほとんどです。特に、渉外担当者が店舗外で現金を預かる場合は単独で処理をするケースが多いため、不正リスクが高まるといえます。

ラーセニー（入金処理後の着服）の対象となりやすいのは、ATMや両替機などに装てんされた現金や金庫に保管された現金です。出納・預金などの内部事務を管理する役職者が権限を悪用したり、担当者が管理の甘さをついたりして発生するケースが多いといえます。

不正実行者が直接手にした現金を着服するスキミングやラーセニーと異なり、不正支出は、帳票類を偽造・改ざんすることで表面上は正当な出金手続を装うことにより、結果的に不正な出金を誘発し、その資金を不正実行者や共謀相手が手にするという手口です。顧客から預かった印鑑を悪用したり、顧客に内緒で改印手続をしたりして、預金払戻請求書を偽造する、カードローンの申込書を偽造して融資金を着服するなどが該当します。また、出張旅費や経費の領収書を偽造したり改ざんしたりして精算金を過剰に請求する場合も該当します。

## Q24 不正リスクへの対応

不正への対応では、どのような点に注意が必要ですか。

**A** 不正への対応段階には以下の5つステップが考えられます。

① 未然防止
② 抑止
③ 早期発見
④ 調査
⑤ 損失回復と再発防止

営業店を運営するうえで重要なのは、不正リスクを適切に理解し、不正を起こさないこと、起こってしまったら早期に発見して被害を最小限に食い止めることです。これは、①〜③に該当します。

### 解説

役職員として押さえておきたい不正リスクへの対応の主なチェックポイントをあげます（不正発覚後の対応であるステップ④および⑤はQ58で解説します）。

### 未然防止

不正対応で最も重要なのは「未然防止」および「抑止」です。不正は起こしてはならないものであり、「不正が起こらない仕組み」をつくることが大切です。

不正は、行為者が不正であることを認識したうえで行うものです。「人知れずできるかもしれない」と思ったときに不正は行われます（行われることが多いようです）。不正を未然防止するためには、そのような不正の「機会」をなくさなくてはなりません。

◇役職員全員にリスク認識を共有し、特にリスクの高い業務に対し注意を払っているか。
◇役職者はルールを熟知したうえで運営をしているか。また、ルールどおりの運営が重要であり、ルールどおりに運用することを要求することを部下に知らしめているか。
◇現金の取扱いについては特に厳格に運営しているか。また、管理が厳重であることを部下に知らしめているか。
◇部下の言動に気を配り、変化を見逃していないか。
◇「仕事ができる人」「信頼できる人」に対する管理が甘くなっていないか。
◇役職者に対する監視がなされているか。
◇店舗内の目の届かない場所を把握し、日頃から気を配っているか。
◇連続休暇をとらせているか。連続休暇中に日頃の業務をチェックしているか。
◇日頃から顧客と積極的に接触し、顧客と担当者との関係を把握しているか。
◇定期的な転勤をさせているか。店内での係替えを実施しているか。
◇自店検査を厳格に行っているか。

## 抑　　止

不正を行う動機があり、その機会があったとしてもそれを思いとどまらせる環境であれば不正は発生しません。営業店の運営上不正が行われにくい環境作りによって、不正は抑止されます。

◇日頃からコミュニケーションを活発に行い、部下の個性を把握し尊重しているか。

◇さまざまな機会を利用して悩みや不満を吸い上げる努力をし、困ったときに頼りになる存在となっているか。
　　◇仕事上過度なプレッシャーをかけていないか。
　　◇結果だけでなくプロセスや努力を認め、それに報いているか。
　　◇不公平感や不満が職場に充満していないか。
　　◇部下の仕事の進捗管理を適切に行い、必要に応じ指導・アドバイスしているか。
　　◇周囲から孤立している部下はいないか。
　　◇倫理やコンプライアンスに対する重要性を強調し、自ら率先垂範しているか。

### 早期発見

　残念ながら不正の可能性を完全になくすのは不可能といわざるをえません。重要なのは不正が行われても早期に発見し、被害を最小限に食い止めることです。また、被害者など外部からの申出や申告によって発覚したか、あるいは自ら不正を発見したかによっても、事後の対応に大きな違いが出てきますので、不正は起こりうるものであることを常に意識して、早期発見することが大切です。

　　◇「不正は起こりうるもの」と認識し、アンテナを高くし、健全な懐疑心を持って業務を遂行しているか。
　　◇部下の言動、行動、身なりなどを観察し、変化を感じ取っているか。
　　◇顧客からのクレームや照会、相談のなかに不正の兆候が隠されているかもしれないという認識をもっているか。
　　◇抜打ちで自店検査を実施しているか。
　　◇内部通報制度は周知され、利用しやすい環境になっているか。

## Q25 未然防止と抑止との違い

不正の発生を防ぐための「未然防止」と「抑止」とは、どのように異なるのでしょうか。それぞれどのような対応策なのですか。

**A** 「未然防止」(prevention)とは、ルールや仕組みの整備など、内部統制の強化を通じて、そもそも不正を犯すことができない状況を作り出す活動をいいます。しかし、内部統制には限界があり、不正を100％未然防止するのは非現実的であるため、同時に不正行為を抑止する取組みが必要になります。「抑止」(deterrence)とは、たとえ自分が不正を犯せる立場にあるとしても、「不正はしないほうが身のためだ」と思いとどまり、誠実に行動するよう職員を促す取組みを指します。

### 解 説

### 未然防止

「未然防止」とは、不正リスクの評価に基づいて、リスクの高い業務プロセスから優先的に、職務の分離や物理的なアクセス制限、相互牽制などを盛り込んだ規程や業務の流れを整備し、不正を犯せない仕組みをあらかじめ強化すること、つまり予防措置を講ずることを指します。「不正のトライアングル」(Q7参照)との関連でいえば、「不正を犯す機会」をできる限り認識させないようにする取組みだといえます(Q24参照)。

たとえば、現金の横領を未然防止する基本は「1人で現金を取り扱わせない」仕組みを徹底し、着服の機会を与えないことです。営業担当者が集金した現金や小切手は本人以外の者が必ずダブルチェックしてから入金処理する、現金収納窓口に監視カメラを設置し、担当者の行動を適切に監視する、会社の預金口座からの現金引出しにあたっては払戻請求

書の作成者と預金届出印の押印者とを分けるというこれらの未然防止策は、あらゆる企業で実施されています。特に、現金を頻繁に取り扱う金融機関は、他業界と比較して厳格な内部統制が敷かれているといえます。

では、仕組みやルールを厳しくすれば横領等の不正は100%防止できるかというと、残念ながらそれは不可能かつ非合理的といわざるをえず、不正の未然防止に対しては「適度な」取組みが必要となります。

言い換えれば、不正の機会の低減には限界があり、不正リスクはどうしても残ってしまうということです。そこで、同時に「抑止」への取組みが重要になってくるのです。

### 抑　　止

「抑止」とは、役職員一人ひとりに「不正は必ずみつかり、厳しく罰せられる」から「やらないほうが身のためだ」と思わせて、不正行為を思いとどまらせるための取組みを意味します。つまり、たとえプレッシャーや不満に直面しても、よからぬ動機を抱えたり正当化したりせず、誠実な行動を貫くように、役職員の心に訴えていく取組みです。具体的には、経営者が率先して倫理観を高めるとともに、ルールの重要性を認識させる教育や、正しい行動に対する適切な評価、不適切な行動への懲戒処分を徹底することなどがあげられます（Q24参照）。また、お互いの仕事を確認し合う健全な監視体制の強化や内部通報制度の整備により、「不正は必ずみつかる」という認識を高めることも不正の抑止効果を高めます。

## Q26 完全な未然防止

不正の未然防止として業務の流れやルールを整備して、不正を起こさせない仕組みをあらかじめ強化する場合、不正を100％防止できるような完全な未然防止を考えなければならないのでしょうか。

**A** 　不正を防止するための未然防止を100％完全なものにすることは不可能です。規程やマニュアルを完全なものにし、厳格な事務取扱いを実施することは、「費用対効果」の観点から不可能だからです。したがって、不正の未然防止に対しては「費用対効果」を考慮した「適度な」取組みが必要になります。

――― 解　説 ―――

　現預金の不正流用を未然防止するための基本は「単独で現預金の取り扱い」をさせない仕組みを徹底することです。金融機関は預金者保護の観点から他業態に比べて厳格な内部管理態勢が求められています。

　出金取引（大口預金先の出金や定期預金の中途解約など）は、再鑑、検印、役職者による異例取引の承認などにより、取扱者以外の第三者が取引の正確性、正当性を事前、事後にチェックする、ATMの精査や現金の装てん・回収などは複数で取り扱うなど、統制活動（職務の分離や相互牽制機能）が規程、マニュアル等に盛り込まれています。しかしながら、規程やマニュアル等に基づき事務処理を行っていれば、横領などの不正を100％防ぐことができるかというと、それは不可能であるといわざるをえません。そこには統制活動における「費用対効果」の問題があるからです。

　横領をゼロにするためには、「単独で現預金の取扱いをさせない」という統制が必要になります。しかし、それは不可能に近いのではないで

しょうか。たとえば「渉外活動をするすべての担当者に顧客との現預金の授受をチェックする別の検証者や役席者を帯同させる」あるいは「営業店の金庫の開閉には役席者などの複数名を立ち会わせ、現金の入出庫を行う」「すべての営業店端末のオペレーションを役席者承認取引とする」「多大なコストをかけて営業店、本部の現金や重要用度品などを取り扱う部店のすべてに多方向から監視可能な全自動の監視カメラを設置する」ことになってしまうからです。

　上記のような厳格な管理をすれば、営業店における横領などの不正はゼロになるかもしれません。しかし、そのためには営業店の人員を2倍にも3倍にも増やさなければなりません。また、事務処理に時間がかかりすぎて顧客サービスの低下を招くことも考えられます。不正リスクに対する対策が十分になったとしても顧客の立場に立ったサービスの提供ができなくなれば、競争力を失い、顧客をはじめとしたステークホルダーから見放されてしまいます。内部統制の目的の1つである「業務の有効性と効率性」の達成ができないことになってしまいます。

　したがって、不正の未然防止に対しては「業務の有効性と効率性」を考慮した「適切・適度な」取組みが必要となります。不正行為の「機会」を減らすことには限界があり、ましてや不正をゼロにすることは不可能であり、かつ非効率的でもあります。当然のことながら金融機関としては、不正に対するリスクをどのように認識し、不正リスクをゼロにできないならば、どの程度の適切なコントロールを行い、どの程度までならばリスクをとれるかを判断すること、つまり一定の不正リスクについて、その存在を認識したうえであえて保有することも必要となります。そのため、不正対策では、「防止」とともに「抑止」や「早期発見」への取組みを併せて行うことが重要となってくるのです。

## Q27 倫理教育

不祥事件防止のための役職員に対する「倫理教育」を効果的に実施するためのポイントはなんでしょうか。

**A** 「企業倫理」とは、企業がその理念を実現するために貫くべき価値観を指すといえます。理念の実現に向けて、まずは経営トップが職員に対して、大切にすべき価値観、守るべきルール、重視すべきステークホルダーなどを明示します。そのうえで、経営トップをはじめとするリーダーの率先垂範、研修等による趣旨の浸透、企業倫理に照らした行動の評価などが有機的に組み合わさってはじめて、効果的な倫理教育が実践できます。

―― 解　説 ――

　企業における倫理教育の効果を高めるためには、企業倫理とは何かを明確にしたうえで、なぜ企業倫理が自社（で働く者一人ひとり）にとって重要なのかをできるだけ具体的に示すことが必要です。

　「高い倫理観をもって行動しなさい」というのは当り前の話であり、かつ漠然とした表現なので、「高い倫理観とは何か」「具体的にどう行動したらよいか」がわかりません。それらを示すためには、企業が重視している理念や価値観に照らして、求められる倫理観をできるだけ明確に説明するとともに、倫理観が問われるような状況設定をしたケーススタディを用いて、どのような局面でどう行動するのが倫理的なのかを、ディスカッションを交えて解説するなどの工夫が必要でしょう。

　また、何事も「なぜそうしなければならないか」という理由が納得できないと、人間は行動を起こさないものです。したがって、短期的な収益を倫理に優先させてしまうと、結果的にどのような事態を招いてしま

第4章　金融機関の不正・不祥事件対策の要点　71

うか、たとえ一時的に損失を被ってでも倫理的な行動を貫くことがなぜ企業の（自分の）ためになるかということを具体的に示すことも重要です。

すでにおなじみの事例ですが、米国の製薬会社ジョンソン・アンド・ジョンソンは、自社の風邪薬服用による相次ぐ死亡事故に直面した際に、自社に非があるかどうかにかかわらず、全米のドラッグストアの店頭から同製品をすべて回収し、多大なコストをかけてメディアを通じて注意喚起をするという決断を早急に下しました。

このような行動がとれたのは、同社には「わが信条」という確固たる企業理念があり、そこに明示された「自社製の医薬品を服用する患者の命を何よりも優先的に考える」という価値基準を経営トップが率先垂範して貫いたからだといわれています。もし、その時に、「まだ自分たちが悪いと決まったわけではないから、回収や周知に多大なコストをかける必要はない」という決断をトップが下していたらどうなっていたでしょうか。

実際、全米から回収した風邪薬からはさらに毒物入りの製品が発見されたそうですから、同社が目先のコストを惜しんで手をこまねいていたら取り返しのつかない事態を招いていたかもしれません。そのような事態は、業種は違えども、顧客の大切なお金を預かり、運用する金融機関においても形を変えて起こる可能性があります。

## Q.28 不正の動機

悪いと知りながら人が不正行為を犯す動機にはどのようなものが多いのでしょうか。また、そのような動機をもたせないようにするために、管理者としてはどのような点に留意すべきですか。

**A** 「不正のトライアングル」（Q7参照）の仮説を提唱した犯罪学者ドナルド・R・クレッシーは、横領を犯す動機は「他人に打ち明けられない金銭問題」に伴うプレッシャーによって生ずると主張しました。したがって、管理者としては、部下の私生活にも関心を高めながら、規律ある生活を促すとともに、金銭問題発生の予兆を早期に察知する感度を高め、問題を抱えてしまった部下が1人で悩まず相談しやすいような環境を整えることが重要です。

―― 解 説 ――

クレッシーは、単に金銭問題を抱えるだけでは横領の動機をもたらすほどの心理的プレッシャーは生じないとしています。その問題を「他人と共有できない」（non-shareable）あるいは「他人には打ち明けられない」と思い込んだときに、本人が感ずるプレッシャーが一気に高まり、雇用主や顧客の信頼を裏切る「背信行為」への動機が高まるのです。

他人には打ち明けられないと思い込んでしまう理由として、まず、問題が生じた原因が人知れず始めたギャンブルやハイリスクな投資で失敗してしまった、異性関係や遊興費などであるために周りに知られると恥ずかしい、自分の評判や地位が脅かされるのをおそれるということがあるでしょう。また、周囲からは仕事ができると思われている人が考えられないようなミスを犯してしまった場合に、それを隠すために不正を犯す可能性もあります。さらには、昇進や昇給などの処遇面で不当に評価

されていると不満を感じている人は、ますます自分の評価が下がることをおそれて、不満を周囲にはいわずに鬱積させがちです。

　金銭問題は私生活が原因で発生することも多く、管理者として問題の発生自体を防ぐのはむずかしいかもしれません。そこでより重要なのは、公私ともに抱えてしまった問題を担当者が抱え込まずにすむよう、普段からコミュニケーションを綿密にとり、相談しやすい環境を整えることです。

　管理者として部下が不正の動機をもたないようにするためには、以下のような点に留意しながら、部下に「上司が常にみてくれている」という安心感を与えるように心がけるべきでしょう。

> ◇金銭問題、時間、業績目標、評価などによるプレッシャーや不満が不正を誘発する要因になりうるということを、管理者が十分に認識する。
> ◇プレッシャーや不満と無縁な人間はおらず、「だれでも不正の動機を抱える可能性がある」と心得る。
> ◇部下一人ひとりの個性を知るように努力し、各自がどのような「プレッシャーや不満の種」を抱えうるかについて感度を高める。そのうえで、健全な就業環境の醸成に努める。
> ◇部下に対し、私生活も含めて金銭面で規律ある生活をするよう促す。
> ◇プレッシャーや不満がもたらす表情や言動の変化を敏感に察知する。そのためには、日頃から部下とのコミュニケーションを心がけ、「普段の部下の表情や言動」を把握するとともに、「基準からの乖離＝危険信号」への感度を高めることが重要である。
> ◇問題を本人が１人で抱え込むことがプレッシャーや不満を増大させることを念頭に置き、悩みや不満を共有しやすい雰囲気作りに上司が率先して取り組む。

## Q.29 不正の機会

不正の「機会」をなくすためにはどのような対応が有効ですか。

**A** 不正の機会を減らすためには、業務上の不正リスクを十分に把握したうえで、不正リスクの高い業務について職務分離、相互牽制などの仕組みを重点的に整備して、当該業務を単独で処理できないようにすることが大切です。ただし一方で、不正の機会を「なくす」のは非現実的であるということも見据えた対応が必要となります。

---
**解　説**
---

### 機会の認識

端的にいうと、不正の機会は「自分は、だれにもみつからずに意図的なルール違反ができる立場にある」と認識した人間に生じます。では、どのような人がそうした認識をもつでしょうか。以下のようなポイントがあるでしょう。

① 知識やスキルが高い、経験豊富である、しっかりしているなどの理由で「この人にならこの仕事を任せても安心だ」と周囲から信頼されている。

② 現金や機密情報の取扱いなど、重要な業務を単独で処理できる立場にある。

③ 点検・承認すべき立場にある人のチェックが甘い。

不正の機会を減らすためには、これらのポイントをふまえながら、不正のリスク（発生頻度×発生時のマイナスの影響度）が高い業務は何か、その業務を担当しているのはだれか、その担当者の業務に対するチェックは適切になされているかを検討し、不十分な点を継続的に改善していく努力が必要になります。

営業店における不正の機会を減らすための具体的な取組みとして、以下のようなものがあるでしょう。

① 出納、預金、融資、窓口、渉外など業務別に不正リスクの高いプロセスを洗い出す。
② 洗い出したプロセスにおいて事務規程等の遵守が徹底されているか確認する。
③ 担当者や役職者が単独で業務を処理する状況が放置されていないか確認する。
④ チェック体制に甘さがないか点検する（例：検印者の知識が不十分である。管理が甘い。抜打ち検査も含めた店内点検が徹底されていない等）。

同一業務の担当期間が長く、仕事の手順や顧客を熟知している担当者・役職者は、不正を犯し隠ぺいする機会に恵まれやすいといえるため、適切な異動や係替えを励行することも不正の機会を減らす有効な対策となります。連続休暇や長期の研修などにより、定期的に部下を「職場離脱」させることも同様です。

### 機会の最小化

ただし、「機会を完全になくす」ことは現実的ではありません。なぜならば、機会をなくすためには常時だれかが監視しているという状況を実現しなければならず、業務の有効性・効率性が大きく阻害されてしまうからです。たとえば、客先への訪問は必ず2人で行う、金庫には常に鍵を掛け絶対に1人で入らないなどの対応を徹底しようとすると、人員を大幅に増やさなくてはなりませんし、迅速なサービスも提供できなくなってしまいます。さらには、信頼関係を阻害し、職員のモチベーションにも悪影響を与えてしまいます。

内部統制の基準でも「費用対効果」の限界をあげていますが、機会の

根絶を突き詰めすぎると、費用が効果を上回ってしまいます。そこで、機会を合理的な程度に低減すると同時に、「たとえ機会があったとしても不正行為などしない」という倫理観を高める教育を徹底することが必要です。

## Q30 不正の正当化

不正を「正当化」させないようにするにはどのような対応が有効ですか。

**A** 不正の多くは、してはいけないことと知りつつ「こんな事情があるから仕方がない」という、不正を「正当化」する言い訳ができるとき（独りよがりな納得ができるとき）、人は不正の誘惑に負けてしまい、不正を実行してしまいます。日頃から「どんな理由があろうと不正はしてはならないこと」であることを周知徹底しなければなりません。

---
**解　説**
---

「不正」の定義の1つに、「不正（虚偽）行為であることを認識したうえで行うこと」があります。勘違いや、規程を知らずに違反行為をしてしまうことはいわゆる事務ミスで、「不正」ではありません。

「正当化」は当事者個人の内面で主観的に形成されるため、ルールや仕組みで制御することがむずかしいものです。また、「動機」をもたらす「プレッシャー」や「不満」を部下が感じているかどうかは、部下がそれを表情や言動に表さない限り管理者には察知できないため、見過ごされてしまうことが多いのです。

### 不公平感

仕事に満足していない職員は、自分が認識する「不公平感」を逸脱行為によって是正しようという傾向が強くあります。不満が増すと、「満足な給料をもらっていないから、多少はサボっても問題はない」あるいは「残業代のかわりに旅費を多めに請求しよう」などと考え、モラルの低下を招き、不正を誘発する原因となります。このような「不公平感」

は日常的なコミュニケーションで察知できるもので、意思の疎通がないところで不満感は増幅していくものです。また、個人の勤務評定への不満も「正当化」に影響します。人事考課の際には十分な面談を行って、できる限り納得を得る努力をしてください。人事考課ですべての職員が納得するのはむずかしいでしょうが、本人の話を十分聞いていたかどうか、不満を聞いてくれる姿勢をみせることで、不満感の度合いは変わってきます。

### 「なんとかなるだろう」という甘い考え

違反行為の最も強い抑止力となるのは、職員に違反行為は確実に発覚するという認識をもたせることです。「不正は必ずみつかり、厳しく罰せられる」から「やらないほうが身のためだ」と思わせることが、不正行為を思いとどまらせ、「なんとかなるだろう」などといった甘い考えを払拭することになります。つまり、よからぬ動機をもったり正当化をしたりしないように、役職員の心に訴えていくことです。

懲戒処分などの制裁による抑止力は二次的なものにすぎず、そもそもみつからなければ罰を受けることはありませんので、罰をおそれなくなります。さらに問題なのは「みつかってもお咎めなし」という状況です。そのような組織では、「他の人もやっているから」「上司も認めているから」というように、不適切な行為が「正当化」されやすくなります。たとえば、時間にルーズな部下に上司が甘い態度をとると、そのような逸脱行為が助長され、職場全体の規律も乱れてしまうでしょう。小さな逸脱行為を見過ごさずに正すことが大切ということです。

### 強いプレッシャー

給料をもらって仕事をする以上、仕事にプレッシャーは付き物です。しかし、部下一人ひとりのストレス耐性を把握したうえで、業績目標の

設定、進捗管理をする必要はあります。また、仕事上のプレッシャーのみならず私生活でも、家族の健康問題や教育費、住宅ローン返済、遊興費による多重債務など強い金銭的なプレッシャーによって、「いまを乗り切るためには仕方がない」という言い訳、すなわち「正当化」が発生する可能性があります。

## Q31 不正防止と罰則強化

不正防止のためには、罰則を強化するのが最も有効なのではないでしょうか。

**A** 不正を防止・抑止するために違反者に対する罰則を強化するのは意味のあることです。しかし、より重要なのは、不正発見のための仕組みを確実に整備・運用するとともに、教育などを通じて、役職員に「不正は必ずみつかり処罰される」という認識を高めさせることです。

---
**解 説**

多くの人が「この不正を犯すと厳しい罰を受けるのでやめておこう」と考えるのであれば、罰則の強化は不正行為を抑止するうえで有効な手段だといえます。この記述は一見正しいように思えますが、実は足りない点があります。なぜならば、不正を犯しても、それがみつからなければ罰を受けることはないからです。

公認不正検査士協会（ACFE）の創設者であるジョセフ・T・ウェルズも、自身の著書 *"Corporate Fraud Handbook"* において次のように述べています。

> 犯罪学の細かい考察を行わずとも、多くの専門家は、処罰は犯罪抑止にほとんど役立たないと考えている。なぜならば、潜在的な犯罪者は処罰を受ける可能性のことなどほとんど考えないからである。少し考えてみよう。人が（どのようなものにせよ）罪を犯すか否かを考える際に、最初に頭に浮かぶ質問は『捕まるかどうか』であって『捕まったらどんな罰を受けるか』ではない。最初の質問の答えが『捕まる』となれば、あえて罪を犯そうとは思わないはずで

> ある。そうなれば、処罰の軽重は実質的に意味がなくなる。
> (八田進二＝藤沼亜起監訳、日本公認不正検査士協会訳『企業不正対策ハンドブック―防止と発見―（第 2 版）』（第一法規））

　つまり、不正行為への抑止力を高めるためには、罰則を強化するよりもまず、「不正は必ずみつかる」という状況を作り出すことが必要です。そのためには、職務の分離や相互牽制、モニタリングの機能が盛り込まれたルールの徹底や内部通報制度の有効性向上などが重要となります。

　もちろん、だからといって罰則には意味がないというわけではありません。「この組織で不正を犯しても必ず発覚し、そして厳正に処罰される」という管理態勢を築くことができれば、不正の抑止力はさらに高まります。

## Q32 職場離脱の徹底

管理者が部下全員に「年1回1週間以上」の職場離脱を徹底させる場合のチェックポイントにはどのようなものがありますか。

**A** 不正行為を行っている当事者にとって、所属長からの職場長期離脱の指示は、自店検査と同様に不正の隠ぺいを困難にする可能性があり、不正が発覚する端緒となります。不正行為にはいくつかの隠ぺい工作を伴いますので、隠ぺいをしにくい環境や規制を設定すれば、実質的に不正を犯す機会を奪うことができることになります。

また、連続休暇を取得しようとしない役職員や休暇中にもかかわらず出勤する役職員がいる場合には、それが不正の兆候となる可能性も念頭に置いて、その理由を確認する必要があります。

### 解説

不正の発覚事例をみますと、不正を行っている者は非常に仕事熱心で休暇も取得せず、一生懸命仕事をしていて、「なぜあの仕事熱心な人が不正を犯したのかわからない」というように、連続休暇を取得せずにいるケースがほとんどです。

金融検査マニュアルのオペレーショナル・リスク管理態勢の確認検査用チェックリストには、「管理者は、事故防止の観点から、人事担当者等と連携し、連続休暇、研修、内部出向制度等により、最低限年1回1週間連続して、職員（管理者を含む）が職場を離れる方策をとっているか。管理者は、その状況を管理し、当該方策を確実に実施しているか」とあり、各金融機関は管理者による組織体制の整備が求められています。

管理者は連続休暇の取得等による「年1回1週間以上」の職場離脱を

徹底させなければなりませんが、この場合のチェックポイントには次のものがあります。

① 部下全員が連続休暇を取得できるように、計画的に休暇予定表を策定しているか。
② 連続休暇を取得しない役職員がいる場合、不正防止の観点から理由を確認し、不正を働いていないか検証しているか。
③ 「連続休暇」を取得せずに働くことをよしとする、つまり、美徳とするような風土がないか。
④ 管理者は、部下が休暇等により職場を離れている間に部下の仕事ぶりをしっかりと確認しているか。
⑤ 渉外担当者については、休暇中管理者が担当者の顧客を訪問し、不審な点がないか、確認しているか。特に会計担当者等に直接確認をしているか。
⑥ 連続休暇取得前に引継ぎ事項を詳細に確認しているか。
⑦ 引継者や管理者は、案件の進捗状況の精査を実施しているか。
⑧ 連続休暇取得中にもかかわらず出勤し業務を行っていないか。
⑨ 場合によっては、強制的に休暇をとらせているか。たとえば、渉外担当の長い担当者に対し、前日の午後に「明日から1週間休暇を取得しなさい。引継ぎはAさんにしておくこと」と命令し、強制的に休暇を取得させることも効果的である。

また、不祥事件等防止の観点から、連続休暇取得時や有給休暇等休暇取得時に人事部門との連携により金融機関貸与のパソコンの利用ができないようシステム対応を実施している金融機関もあります。職場離脱における上記のチェックポイントを効果的に実施するとともに、システム対応を併用するとより効果的になります。

## Q33 人事ローテーション

事故防止の観点から人事担当者等と連携し、特定の役職員を長期間にわたり同一部署の同一業務に従事させないように適切な人事ローテーションを行うためには、どのような方策があるのでしょうか。また、やむをえずに長期間にわたり同一業務に従事している場合はどのような他の対応策があるのでしょうか。

**A** 定期的な人事異動や担当係替えは不祥事件等防止の観点から非常に有効です。パートもしくは派遣職員の場合は所属店の変更はむずかしいかもしれませんが、営業店内での係替えをうまく活用することにより同様の効果をもたらすことが可能です。また、やむをえずに長期間にわたり同一業務に従事している場合は、連続休暇取得を義務化させることや指定休暇を強制的にとらせることで、管理者による顧客への訪問や照会により不正を働いていないかなどを調査させることが必要になります。

― 解 説 ―

金融検査マニュアルのオペレーショナル・リスク管理態勢の確認検査用チェックリストの事務リスク管理態勢Ⅱ．1には、「③【管理者による組織体制の整備】」として、「(ⅴ)管理者は、事故防止の観点から、人事担当者等と連携し、特定の職員を長期間にわたり同一部署の同一業務に従事させないように、適切な人事ローテーションを確保しているか。やむをえない理由により長期間にわたり同一部署の同一業務に従事している場合は、他の方策により事故防止等の実効性を確保しているか。管理者は、その状況を管理し、当該方策を確実に実施しているか」と記載があります。

多くの金融機関では、不正事故防止の観点から人事担当部署において異動のルールを決め、定期的な異動を行い、不正事故の未然防止に努めています。各金融機関によって異動のサイクルは違いますが、およそ3年から4年サイクルの異動が一般的です。営業店長としては、成績のよい優秀な役職員は当然長く同一店舗の同一業務につかせたいと思うのが当り前ですが、事故防止の観点から定期的な異動が必要です。

　この場合は、人事異動による他支店への転勤、担当係替えの2つが考えられます。本来は人事担当部門により画一的に異動させることが究極の不正防止策ですが、パートもしくは派遣職員の場合は所属店の変更はむずかしいかもしれません。店内での係替えをうまく活用することにより、同様の効果をもたらすことが可能になります。

　最近ではパートや派遣職員についても他支店への異動を行っている金融機関もあります。また、派遣職員等による不正事故が増加していることもあり、住居地から地下鉄やバスの1駅以上離れた駅にある支店へ勤務することをルール化している金融機関もあります。

　営業店長は、常に以下の点を考慮していることが求められます。

① 部下の在任期間や現職務の担当期間を常に把握し、長期間同一業務をしている職員については、特に十分監視しているか。

② 営業店長は、人事関連部門と連携し、在任期間の長い役職員についての対応を連絡、協議をしているか。

③ 営業店長は、特定の業務における経験が長く、成績がよい、あるいは特定の取引先と親密な関係のある担当者の担当替えや異動を検討しているか。

④ 営業店長は、3年以上同一エリアの担当者を別のエリアへの担当替え、あるいは、完全に業務の担当替えを常に実施しているか。

　やはり、顧客と親密になり信頼されるようになると、その関係を悪用

して顧客の預金の着服等の不正行為をするリスクが高まることがあります。そのために定期的な異動が必要となります。特に渉外担当者については、同一エリア外への異動を定期的に実施することが必要です。同一エリア内では、前任の顧客との接点が残り、不正につながる可能性があるためです。

やむをえない理由により長期間にわたり同一部署の同一業務に従事させる場合は、たとえば、連続休暇取得を義務化させることや指定休暇を強制的にとらせることで、管理者による顧客への訪問や照会により不正を働いていないかなどを調査させることが必要になります。

また、どうしても異動できない場合は、近隣店舗間で期間を区切って（例：1カ月間）、たすきがけで勤務させている金融機関もあります。いずれにせよ、やむをえずに長期間にわたり同一業務に従事させている場合、金融機関には事故防止等の実効性を確保することが求められます。

## Q.34 不正・不祥事件の早期発見

不正・不祥事件を早期発見するためには具体的にはどのような点に留意すべきでしょうか。

**A** 不正・不祥事件を早期発見するためには、部下職員の日頃の行動や言動に注意し、少しでも異常な言動などが発見されたときには、注意深く観察し、場合によっては是正する必要があります。

---

### 解　説

### 「普段の」部下職員の言動や表情を把握しているか

　管理者は、「普段の」部下職員の言動や表情について常に把握することが必要です。部下職員一人ひとりに常に関心をもち、以下のような点について「普段の姿」や通常の態度・しぐさについて関心をもち、頭に入れておく必要があります。

　まず、出勤時の表情、あいさつのしかた、声の大きさ、トーンや通常の身だしなみ（髪型、服装、装飾品）について関心を常にもつことです。また、通勤ルートや平均的な出勤時間、顧客応対や事務処理の能力、仕事の進め方など、特に電話・接客時の声のトーン、事務処理の速さ、正確さなども考慮しておく必要があります。

　さらには、業務時間中の行動パターン（集金などの定例的な外出など）や昼休みの過ごし方（弁当を持参か外食か、同僚と一緒か１人を好むかなど）、あるいは平均的な退社時間、退社時のあいさつのしかた、アフター５の過ごし方（毎週何曜日は習い事、資格取得のための勉強など）に留意する必要があります。

　普段から部下職員に関心をもって接し、特に家族構成や交友関係についても知っておくとよいでしょう。役職員は、部下一人ひとりの性格、

行動パターンなどを把握し、部下職員の表情や言動が通常と違うと感じた場合は注意し、観察する必要があります。部下職員の異常を感知することにより、不正・不祥事件を見抜くことが可能になります。

### 不正リスクの兆候となりうる部下職員の表情・言動や身だしなみの変化を察知できるか

　管理者は、不正リスクの兆候となりうる部下職員の表情・言動や身だしなみの変化を敏感に察知する必要があります。職員の通常の姿を把握していれば「異常」を察知しやすくなります。

　不正リスクの兆候とは、「動機」「機会」「正当化」の高まりを示しうる現象を指します。部下職員が金銭問題や不満を抱え込んだ場合に生ずる表情やしぐさや言動、あるいは人事異動に伴う異常な行動などがあげられます。

　自分の部下に以下のような変化がみられた場合は特に注意が必要であり、牽制することが求められます。部下社員の服装、髪の毛の乱れ、無精ひげなどが目立つようになること、情緒不安定（喜怒哀楽が普段よりも激しい）になり、急にケアレスミスが増えたことや昼食休憩を1人でとりたがるようになるなど、普段と違う行動をとるようになったときは、注意が必要です。また、業務終了後の「飲みニケーション」への付合いが急に悪くなったり、本人宛の不審な電話やダイレクトメールが増えたり、特定の顧客からの電話が頻繁に入るようになったり、さらに業務時間中に席を外すことが多くなったりするなどの異常行動が目立ったときは注意が必要です。あるいは、服装、装飾品、化粧などが急に派手になったり、人におごることが多くなったり、また、連続休暇をとろうとしなくなったりした場合も要注意です。連続休暇や出張・研修時に特定顧客の引継ぎを避けたり、人事異動後も特定顧客の後任担当者に頻繁に連絡を入れたりすることなども注意が必要です。

**営業店の業務に便宜扱い等の異例扱い、事務規程外の取扱いの処理が増加していないか**

　また、営業店の業務に次のような状況が頻繁に生ずるようになっていないか注意が必要です。便宜扱い等の異例扱い、事務規程外の取扱いの処理が増えていないか、通帳、届出印の紛失による再発行や改印の取扱いが増えていないかなど、特に留意してください。さらに役席キーの使用頻度が増加していないか、現金勘定の不突合の頻度が高まっていないかなどにも留意する必要があります。

## Q35 不正・不祥事件の兆候

不正の未然防止や早期発見のためには、私生活を含めた職員の生活ぶりを把握する必要がありますが、プライバシーの関係もあり、なかなか踏み込んだ把握ができません。職員の生活面での変化の兆候をつかむポイントはどのようなものがありますか。

**A** 最近は公私の区別、プライバシー意識の高まりなど、以前に比べ役職員間の個人的な交流が少なくなってきているようです。社内旅行や「飲みニケーション」などの行事は、さりげなく部下などの生活ぶりを把握できるよい機会ですが、最近ではその頻度も低くなる傾向にあるようです。しかし、生活ぶりや精神状態の変化は職場における何気ない行動のなかにも現れるものです。アンテナを高くしその変化の兆候をとらえてください。

事件が起こった後よくいわれるのは、「そういえば」とか「そんな感じがした」といった「いまにして思えば」という感想です。変化の兆候は必ず勤務態度や言動などに現れているので、見逃さないよう日頃から心がけてください。

---

### 解　説

### 金銭問題発生の兆候

金銭問題が発生するなかでもっとも多いのは、収入を超えた浪費によって多重債務に陥るというものです。

浪費の兆候は、趣味や趣向が変化して服装や化粧が派手になる、バッグや宝飾品が高価なものになる、高級品を取り扱うお店に出入りしていることを自慢したりする、費用がかかる趣味などの話題が増えるなどの形で現れます。また、急に羽振りがよくなり、人におごるようになった

りします。

　そして多重債務に陥って借金を借金で返すといった「自転車操業」になると、借金の取立てに対応するため、業務中の私用電話が増える、業務中に急に席をはずすことが多くなる、外線電話にいの一番で対応するようになるといった変化が現れます。職場に本人宛の不審な電話やダイレクトメールが増えるということも変化の兆候であることもあります。

　金銭問題によって追い詰められてくると、浪費の兆候とは逆の変化が現れることがあります。服装や髪の毛が乱れたり無精ひげが目立ったりするなど、外見がだらしない感じになったり、喜怒哀楽が激しくなるなど、情緒が不安定になったりします。また、事務面でケアレスミスが増えた、付き合いが悪く人との接触を避けるようになったなどの変化にも注意が必要です。

### 不正の隠ぺいに伴う行動面の変化

　不正を働いたときはその事実を隠そうとします。自分の抱える業務を人にみられないようにするため、出勤時間（退社時間）が急に早く（遅く）なったり、休暇をとろうとしなくなったり、休暇や出張・研修時に特定の顧客への引継ぎを避けるようになったりします。また、顧客から預かった通帳・証書等や自動機内現金の精査を積極的に引き受けるようになるなど、急に仕事ぶりが変わることにも注意してください。

　出勤時あるいは退社時に無断で何かを持ち込んだり持ち出す（出勤時、退社時に紙袋を持ち歩くなど）ようになったり、金庫内、倉庫、トイレ、日中の更衣室など、人目につかないところにいることが多くなったりしたときは、何か人にみられたくないものを隠していることがありますので、抜き打ちで持ち物を検査することも必要です。異動後に特定の顧客に関して頻繁に後任の担当者に連絡が入るのも、なんらかの隠ぺい工作をしていることも考えられますので注意が必要です。

## Q36 健全な懐疑心

管理者として管理業務を遂行する際、部下に対してどのようなスタンスで臨めばよいでしょうか。

**A** 管理者の役割について、不正リスクを意識しながら、「健全な懐疑心」をもって管理業務を行わなければなりません。「健全な懐疑心」とは、部下が作成する書類を点検したり、報告・説明を聞いたりする際に「部下の言動や報告をうのみにしてはいけない」ということです。つまり、部下との信頼関係を前提としながらも、「部下も弱い人間だから、失念あるいは、間違いを起こしたり、顧客とのトラブルなど都合の悪いことを隠そうとしたりするかもしれない。だから、上司として責任をもって部下の言動や報告に問題がないかどうかチェックしよう」というスタンスのことをいいます。

---
**解　説**

---

### 健全な懐疑心

「健全な懐疑心」とは、部下が不正を働いているのではないか、何か悪いことをしているのではないかと疑ってかかることではありません。部下が作成した関係書類を精査、検印および点検したり、報告を受けたり、説明を聞いたりする際に、「この部下のいうことを正しいと思い込んでうのみにしないこと、あるいは、この部下は絶対間違ったことはしないと思い込んでしまわないこと」なのです。

つまり、「健全な懐疑心」とは、部下との信頼関係を前提としながらも、「部下は絶対強いばかりではなく、弱い人間だから、業務上の失念あるいは間違いを起こしたり、顧客とのトラブルなど自分に都合の悪いことを隠そうとしたりするかもしれない。もしかしたら、本当に都合の

悪いことを隠しているかもしれない。不正を働いているかもしれない。だから、営業店長として、また上司として責任をもって、部下が業務処理の失念、あるいは自分に都合の悪いことを隠していないか、問題がないかどうかチェックしよう」というスタンスを常に維持することであります。

　管理者が健全な懐疑心を養うためには、単に人を疑うのではなく、不正リスクと無縁な人はいないという認識に立つことが必要です。最近の日本企業における不祥事件を単純に性悪説と性善説に分けて論ずる風潮がありますが、これは本質をとらえていないと思います。部下は組織の財産（人財）であり、そもそも不正をする存在だという性悪説で考えることは、あるべき信頼関係を損なってしまいます。

　性善説とは「人間本来の性質は善であるが外部の影響で悪に染まりやすいため、教育・指導を怠ってはならない」と説くものです。つまり、信頼および確認に立脚した「健全な懐疑心」をもって部下を管理することです。問題は、部下を安易に信用してしまう「短絡的な性善説」ではないでしょうか。

### チェックポイント

　次に、「健全な懐疑心」をもって管理業務を行う場合のチェックポイントとして、以下の5項目があります。

① 自分が管理する業務にどのような不正・不祥事件のリスクがあるかを認識しているか。

　　管理者は、事務処理について生ずる事務リスク、不正リスクについて、常に把握することが求められています。不正が行われないようにするには、厳格な事務処理が要求されます。

② リスクの高い業務プロセスに関する点検をする際には、意識してより注意深く行っているか。

不正リスクの高い業務プロセスに「便宜扱い等の異例扱い」「事務規程外の取扱い」があります。特に「便宜扱い等の異例扱い」については、厳正に対処することが求められます。必ず本部の業務部門の管理者、営業店長、または役席者等の承認を受けた後に処理をしなければなりません。また「事務規程外の取扱い」を行う場合は、事務統括部門および関係業務部門と連携したうえ、必ず本部の業務部門の管理者または営業店長の指示に基づき処理をしなければなりません。リスクの高い業務プロセスに関する点検をする際には、意識的に注意深く行っていかなければなりません。

③　不正行為の兆候や重大な事務ミスについての感度を高めているか。

　　管理者は、部下の不正行為の兆候や重大な事務ミスについて、発生の可能性を常時注意し、感度を高めて対応していかなければなりません。

④　部下の作成した書類や説明内容に納得がいかない場合は徹底的に説明を求めているか。

　　部下の作成した稟議書や報告書について不明な点や納得のいかない事項等がある場合は、部下に対し徹底的に説明を求めることが必要です。役職員自身が納得するまで説明を求め、あるいは追加の説明資料の提出をさせることが求められます。

⑤　部下の説明をうのみにしていないか。

　　仕事のできる部下に任せっきりになっていることがないでしょうか。信頼しきっているために不正の兆候を見逃してしまうことがよくあります。部下の説明や行動を信じきってしまうことは、非常に危険であることを肝に銘ずる必要があります。

営業店長をはじめとした管理者が「健全な懐疑心」をもって管理業務

を行うことの必要性について述べてきましたが、部下の業務報告書や融資稟議書などを読んでいて「何かおかしい」と感じた場合は、不明な点を直接担当者から話を聞くことが大切です。

## Q37 不正発覚のきっかけ

不正行為を発見する手段として最も有効なものはなんでしょうか。

**A** 金融機関職員による着服の多くは、被害者である顧客からの照会や苦情をきっかけに発覚しています。また、昨今の日本企業において頻発している食品や建材等の安全にかかわる偽装事件の発端は、ほとんどが（元）社員による内部告発です。ACFEの調査においても、従業員や顧客からの通報がきっかけで発覚した不正事例が最も多いという結果が出ています。もちろん、日常業務における相互牽制や自店検査、内部監査によるモニタリングも重要です。

――― 解　説 ―――

ACFEが2年ごとに公表している「職業上の不正と濫用に関する国民への報告書2008年版」によると、2006年〜2007年に米国のCFE（公認不正検査士）が調査した約1,000件の不正事件の発覚の経緯はグラフに示

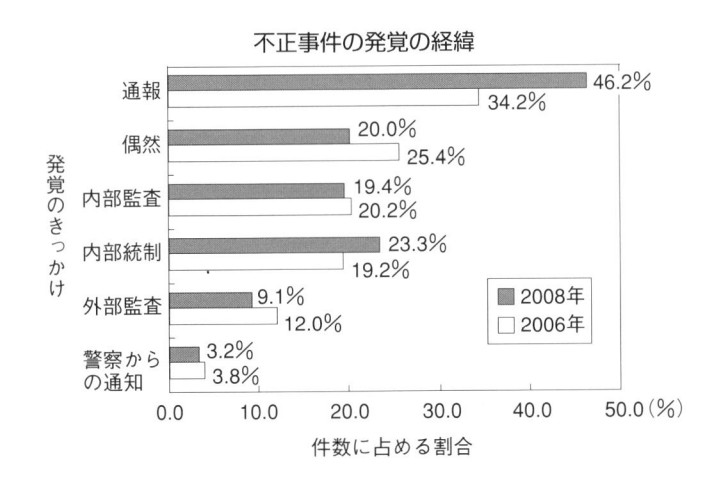

**不正事件の発覚の経緯**

| 発覚のきっかけ | 2008年 | 2006年 |
|---|---|---|
| 通報 | 46.2% | 34.2% |
| 偶然 | 20.0% | 25.4% |
| 内部監査 | 19.4% | 20.2% |
| 内部統制 | 23.3% | 19.2% |
| 外部監査 | 9.1% | 12.0% |
| 警察からの通知 | 3.2% | 3.8% |

件数に占める割合(%)

第4章　金融機関の不正・不祥事件対策の要点　97

すとおりとなっています。

　これによると、2006年、2008年の両年とも通報により最も多くの不正が発覚しており、特に2008年においてはその傾向が強まりました。この調査における通報者には従業員（58％）、顧客（18％）、仕入先（12％）、株主／オーナー（9％）、匿名（9％）、競合先（1％）が含まれています。従来、日本企業においては、顧客からの照会や苦情はもっぱらクレーム処理、サービス向上という観点から取り扱っていたと思われますが、「不正の兆候発見」の手段としても、顧客からの連絡は重要であるという認識を高める必要があるでしょう。

　金融庁も、金融検査マニュアルにおいて、コンプライアンス・マニュアルに「役職員が法令等違反行為の疑いのある行為を発見した場合の連絡すべき部署等（コンプライアンス統括部門、ヘルプライン、コンプライアンス・ホットライン等）」を明確に規定することの重要性を強調しています（法令等遵守態勢の確認検査用チェックリストⅡ．1．(1)④）。

　現在では、多くの金融機関においてなんらかの形で内部通報制度が導入されていると思いますが、通報制度の存在や利用方法が十分に周知されていなかったり、「だれが通報したかわかるのではないか」「そうしたら報復を受けたり、職場にいづらくなったりするのではないか」という不安感から、実際には十分に機能していないケースも多いようです。

　営業店においては、「困ったこと、おかしいと思うことは上司に相談しよう」という信頼関係が上司と部下との間に築かれていれば、内部通報制度は必要ないかもしれません。しかし、現実はそうはいかない部分もありますので、「おかしいと思ったら、上司に遠慮なく相談してほしい。ただし、いいにくいこともあるだろうから、その場合には内部通報制度を積極的に利用してほしい」というメッセージを常に発信することが重要です。

　そのためには、まず営業店長以下の管理者が内部通報制度の詳細を十

分に理解したうえで、パート、派遣職員も含めた役職員全員に、制度の趣旨、利用方法、機密保持の徹底、誹謗中傷の禁止等について周知する必要があります。

　通報以外の発覚のきっかけとして営業店に関連が深い項目は「内部統制」および「偶然」です。ここでいう内部統制は、職務の分離によりダブルチェックを徹底したり、休暇取得による職場離脱中に点検を行ったりするなかで不正が発覚した場合を指します。内部通報によらずとも日常のチェックにおいて不正が発見できれば、それに越したことはありません。一方、偶然というのは、特に不正やミスをチェックする目的ではなく、何かのきっかけでたまたま不正がみつかったというものです。たとえば、不正実行者が隠ぺいのために隠しもっていた書類をたまたま机の上に置き忘れ、それを上司が偶然目にするなどのケースが該当するでしょう。

## Q38 内部通報制度の機能向上

内部通報制度は不正・不祥事件の早期発見に有効なインフラとして一般的に認知されていますが、利用頻度はあまり高くなく、有効に機能しているとはいえません。どのようにしたら社内的に認知され、有効に機能するのか教えてください。

**A** 管理者は、部下に対し内部通報制度の周知徹底を含め、部下が懸念事項や不正・不祥事件などを認識した場合、安心して通報、相談ができる環境を整える必要があります。

そのため、管理者は社内研修や支店内研修やeラーニングの活用などにより周知徹底を図りつつ、部下全員が内部通報制度を使いやすい環境を整備する必要があります。

―― 解 説 ――

### 環境の整備

本来、職務上の法令等違反や不正行為を発見、認識したときは、上司に相談するのが通常の取扱いです。しかしながら、不正を正したいという気持ちをもっていても、法令等違反をしているのが上司本人であったり、「密告者」と思われるかもしれないというおそれなどから、なかなか「勇気ある告発」がしにくいという側面もあります。そのようなジレンマを排除するため、通報者の保護や秘密の保持などを確保し、法令等違反や不正行為などの告発をしやすくするための制度として内部通報制度があります。内部通報制度は社会や会社などをよりよくするためのもので、「公益」に資する通報者を保護するための法律が「公益通報者保護法」です。

金融機関では、金融検査マニュアルにも内部通報制度が記述されてい

ることもあり、組織内において制度としては確保されていますが、その実態はというと、実際には十分に機能しているとはいえないのが実情ではないでしょうか。

　その背景には、管理者には「自分の頭越しに店内の不祥事件や不正を外部に通報されては困る」という認識があり、一方、一般の職員には、「通報とは密告することで裏切り行為になる」「だれが通報したかわかるのではないか」「そうしたら報復を受けたり、職場にいづらくなるのではないか、やめなければならなくなるのではないか」といった誤解があるという要因があります。

　管理者は、内部通報とは「公益」にかなうものであり、不適切な状態を早期発見・早期是正するものであるという正しい認識をもち、内部通報制度の正しい知識を習得のうえ、部下に対し周知徹底をしなければなりません。そのため、支店内研修やｅラーニングの活用などにより周知徹底を図りつつ、部下全員が内部通報制度を使いやすい環境を整備する必要があります。

　もちろん、内部通報制度を使わなくても、上司に気軽に相談できる環境を整えられることが理想です。「困ったこと、おかしいと思うことは、直接上司に相談しよう」という信頼関係を部下との間に築くことができれば、内部通報制度は必要ないかもしれません。しかし、上司に直接相談したりすることは現実的にはむずかしい場面があるかもしれません。「困ったり、おかしいと思ったりしたら、遠慮なく上司に相談してください。しかし、いいにくいこともあるでしょうから、その場合は内部通報制度を積極的に利用してください」というメッセージを常に発信することが重要です。

### 参考：内部通報制度

(1) 内部通報制度とは何か

　内部通報制度とは、企業において法令等違反や不正行為などのコンプライアンス違反の発生またはそのおそれのある状況を知った者が、そのような状況に適切に対応できる窓口に直接通報することができる仕組みのことです。名称は「ヘルプライン」「ホットライン」「コンプライアンス相談窓口」などさまざまです。

　コンプライアンス経営において重要な役割を果たす「情報伝達」には、上司やコンプライアンス担当者などを経由する通常ルートと、通常ルートがなんらかの理由で機能しない場合の非常時のルートとが必要であり、内部通報制度は後者の伝達ルートとして位置づけられます。内部通報制度は企業のコンプライアンス経営を有効に機能させるうえで重要な役割を担っている制度なのです。

(2) 内部通報制度導入の動向

　米国では1990年前後に企業の不祥事を背景とした法令などの整備が行われ、コンプライアンス経営の進展とともに内部通報制度の導入が進みました。米国の研究機関が1994年に実施した調査によると、同国の有力企業の3分の2が内部通報制度を有しているという結果が出ています。

　一方、日本では、「目安箱」など密告制度というと暗いイメージがつきまとい、以前は導入をためらう企業が多く見受けられました。

　しかし、日本でも内部告発に端を発した不祥事が続発したことを背景として、2002年10月に日本経済団体連合会が「企業行動憲章」を改訂し、「企業倫理ヘルプライン」（内部通報制度）の導入を奨励しました。そのこともあって、徐々に内部通報制度を導入する動きが広がってきました。

　さらに、2004年6月に「公益通報者保護法」が制定（2006年4月施行）されたことから、日本でも急速に内部通報制度を導入する動きが活発化

しています。内閣府が2004年10月に実施した国内一部上場企業を対象としたアンケート調査（回答企業776社、回収率50.1％）によれば、すでに内部通報制度を導入している企業は40％で、今後整備を検討するとした企業がさらに51％あり、整備する予定がない企業は8％にとどまりました。

　内閣府ではホームページなどを通して、「公益通報者保護法に関する民間事業者向けガイドライン」（2005年7月19日）を公表し、事業者がコンプライアンス経営への取組みを強化するために、内部通報を事業者内で適切に処理するための指針を示しています。

## Q39 外部からの照会・苦情への対応

顧客や取引先など、外部から寄せられる照会や苦情に対しては、不正リスク管理の面でどのような注意が必要でしょうか

**A** 　不正防止のための取組みは組織内部においてさまざまな形で実施されていますが、その仕組みを熟知した者による不正行為は発見が困難な場合が多くあります。しかし、事故者が、外部の「目」である顧客からの苦情や問合せに完全に蓋をすることは困難です。顧客の声に対応するにあたっては、サービス向上の視点のみならず、「不正発覚の端緒が潜んでいるかもしれない」という気持ちをもつことが必要です。また、多くの顧客の声が寄せられるよう、顧客接点を広くもつことが不正の早期発見だけでなく、未然防止にもつながります。

―― 解　説 ――

　金融機関では、その業務の性質上現金や預金の着服・横領についてさまざまな未然防止策やそれを早期発見するための施策を講じてきました。しかしながら、不正や不祥事件発覚は、依然として顧客からの照会・相談・苦情を端緒とする事例が目立ちます。顧客からの照会・苦情が発覚のきっかけとなった事例には、次のようなものがあります。

　　◇顧客から「定期預金証書を受け取るまでに相当日数がかかった」との苦情があり、支店で取引状況を確認したところ、現金を預かった際の預かり証が発行されていないことが判明し、調査の結果担当者が預金を解約し、資金を詐取していたことが判明した。
　　◇被害者の1人が、カードローン返済資金を渉外担当者に預けた後も借入利息が発生していることから不審に思い銀行に問い合わせたところ、担当者が資金を詐取していることが判明した。

◇顧客からの照会により、当事者が同顧客から火災保険料として現金を過剰に受理し、差額を着服していた事実が判明した。
◇顧客の関係者が普通預金口座に不自然な金の出し入れがあると銀行に相談したために、不正流用の事実が発覚した。
◇定期預金の解約に来店した顧客から、身に覚えのない貸越契約について照会があったことがきっかけとなり不正が判明した。
◇(他の横領事件の)新聞報道等により心配になった顧客(被害者)の1人が支店を訪問して自分の預金残高を照会した結果、残高の不一致が発覚した。

### 顧客の声に敏感になる

　上記の事例のような顧客からの相談や照会があっても、それらに対し疑問をもつ感性がなければ、せっかく顧客から不正発見のヒントを与えられているにもかかわらず、それを見逃してしまうことになります。
　顧客預金や現金の着服・横領をする場合には、現金の預かり証を発行しない、作成したはずの預金通帳や証書をすぐに持参しないなどにより顧客を欺く行為が伴います。顧客からの「いつもと違う」「何かおかしい」との照会には特に注意しなければなりません。
　苦情や照会に対応し顧客を納得させて満足するのではなく、さらに踏み込んで「なぜ」と考える感性をもつことが必要です。

### 顧客教育と顧客接点とを充実させる

　最近では、「職員が店舗外で顧客から現金や通帳を預かる際には、必ず「預かり証」を発行する」「もし不審な点があれば連絡をいただきたい」旨の告知をウェブサイトや店頭で行う金融機関が増えてきています。このような形で顧客の目を活用する工夫は非常に有効です。顧客が預かり証や通帳、証書を受け取ることに敏感になれば、これらの声をき

っかけに不正の未然防止・早期発見につなげることができます。

　特に、顧客と直接接点をもち、単独で外回りをする渉外担当者による不正は、顧客以外にはだれにもみられない状況で現金等の授受が行われるため、顧客からの申出以外の方法による不正発見は大変困難であるといわざるをえません。さらに、顧客からの声を待っているだけではなく、折に触れて管理者自らが担当者に同行したり、単独で主要な顧客を訪問するなどして、日頃の担当者の対応をそれとなく確認することも重要でしょう。そのように顧客と金融機関との接点が増えることによって、不正の「機会」を減らすことにもつながります。

### 顧客の声を不正・不祥事早期発見のツールとして戦略的にとらえる

　不正の未然防止・早期発見のため、さまざまな「網」を張り巡らせなければなりません。その1つとして、顧客の声は不正・不祥事件発覚の重要なツールとなっています。顧客から疑問や苦情が寄せられた場合には、サービス向上の観点だけではなく、不正・不祥事件への感度を高めて顧客の声に耳を傾けなければなりません。

　「顧客にいわれるまでわからなかった」というのは金融機関として恥ずべきことなどとは考えず、不正防止の有効なツールとしても、顧客の声を戦略的に活用すべきです。

## Q40 性善説か性悪説か

不祥事に関する報道では、性善説ではなく性悪説に基づく管理が必要という報道が目立ちますが、そのような対応が必要なのでしょうか。

**A** 企業経営においては、役職員が本来備えている善を最大限尊重しつつ、安きに流れてしまわないように適切なチェックをするという「真の性善説」に立脚した管理が必要です。

――― 解 説 ―――

　昨今、偽装事件などの企業不祥事が相次ぐなかで、マスコミ報道では「これからは、日本企業も性善説ではなく、アメリカのように性悪説による管理をしなくてはダメだ」という論調が強まりがちです。はたしてそうでしょうか。この点について議論するためには、そもそも性善説、性悪説とは何を意味するかについてきちんと理解しなくてはなりません。

　性善説とは、中国の思想家である孟子が唱えた説で、「人間は生まれながらにして善である」という考え方ですが、それだけではなく、「人は皆根底には善をもっているが、水が重力によって低きに流れるのと同じように、人間も外部の力により安きに流れてしまうものである」と続きます。さらに孟子は、「したがって、まずは、力をもつ者が自らの言動を律し、他者によい影響を与えながら導くことが大切である」とも説いているそうです。

　他方、性悪説は、同じく中国の思想家である荀子の説で「人には本来、利己的で欲深く、憎悪の念をもちやすい性質が備わっている」という考え方です。そして、「人が善でいられるのは、教育等の人為的な努

第4章　金融機関の不正・不祥事件対策の要点　107

力の賜物である」と説いています。

これらの理解をふまえて、日本企業は性善説、性悪説のどちらを重視した経営をすべきでしょうか。まず、「性悪説による経営」とは、「部下は欲深い人間だから、悪いことをしないように常に監視しなくてはいけない」という考え方に基づくものだといえるでしょう。極論かもしれませんが、刑務所における囚人の管理に近い考え方といえるかもしれません。

そのような組織では信頼関係が希薄になり、組織風土は悪化してしまうでしょう。したがって、性悪説は、米国においても日本においても、企業経営とは相容れない考え方ではないでしょうか。

このようにみると、「性善説ではダメだ」という議論は少し乱暴な意見だといわざるをえません。たしかに「部下はみんな善人だから、いちいち点検しなくても大丈夫だろう」という発想ではいけません。ただし、それは「性善説に基づく経営」ではありません。単なる放任、管理者としての職務怠慢です。強いていえば「おめでたい性善説」です。

不正対策強化に求められるのは「真の意味での性善説による管理」だといえます。すなわち、上司が「人間は安きに流れてしまうものだ」という点に留意しながら、部下が備える善を最大限に引き出すように導くことが必要です。

管理者には「健全な懐疑心」が求められるといいますが、それは本当の意味での性善説に立脚した心のもちようだといえます。つまり、「安きに流れて問題を起こしてしまうリスクはないか」という視点をもって確認をしていくスタンスが、不正・不祥事件の防止・早期発見には必要です。ACFEのセミナーでよく使われる言葉に「trust but verify」があります。「(部下を)信頼しなさい。でも(安きに流れてしまわないように)きちんと点検しなさい」という意味です。営業店の内部管理態勢もこのようなスタンスで強化することが望まれます。

## Q41 不正・不祥事件発覚後の事実調査

不正・不祥事件の疑惑が発覚して事実関係を調査する場合のチェックポイントには、どのようなことがありますか。

**A** 不正・不祥事件が発覚した場合は、直ちに不正調査所管部署（コンプライアンス部門や内部監査部門等）が調査し、事実確認を行います。調査のチェックポイントとして、関連部署間の情報の共有、役割・目的の明確化、あらゆる可能性を考慮した対応、聞取り調査の手順への留意、進捗管理の徹底などがあります。

― 解 説 ―

顧客からの苦情・照会、自店検査や内部監査、さらには内部通報などにより不正・不祥事件の疑惑が発覚した場合には、直ちに事実関係を確認して、不祥事件に該当する場合は、当局宛の届出などを適切に行わなくてはなりません。

入手した情報を客観的に分析し、あらゆる可能性を想定して、慎重に事実関係を調査することが大切です。

金融検査マニュアルでは、法令等遵守態勢の確認検査用チェックリストⅡ．2．④(i)において、「コンプライアンス統括部門は、コンプライアンス関連情報の分析や通報を通じて、法令等違反行為の疑いがある事象について、当該行為の事実の有無及び問題点の有無について、<u>直ちに事実確認を実施し、又は事件と利害関係のない部署に事実確認させた上で</u>、法令等違反行為の事実の有無やコンプライアンス上の弱点の有無について検証しているか」（注：下線は筆者による）というポイントを明記しています。したがって、営業店で不祥事件が発生した場合には、基本的に事件と利害関係のないコンプライアンス部門など本部の所管部門が

第4章 金融機関の不正・不祥事件対策の要点 109

事実確認を行います。

### 情報の共有

チェック項目の第一は、コンプライアンス統括部門、調査担当部門（コンプライアンス部門、内部監査部門等）、営業店の連絡窓口を一元化し、情報をリアルタイムで共有することです。

不正・不祥事件の事実確認調査は、通報者や当事者のプライバシー保護や機密保持、不用意な情報漏れによる営業店内の混乱の回避を徹底しながら進めなければなりません。

なお、支店長などの管理職が不正・不祥事件に関与している可能性がある場合は、当事者には知られないように慎重に調査する必要があります。

### 役割・目的の明確化

チェック項目の第二は、疑惑の内容をふまえて調査の目的を明確化するとともに、調査担当部門とコンプライアンス統括部門や他部署とが明確な役割分担のもとで連携し、迅速に調査を実施することです。各部門の役割や調査実施手続の概要は、あらかじめ文書により明示しておくことが必要です。

### あらゆる可能性の考慮

チェック項目の第三は、事実確認調査を進めるにあたっては、通報者などの情報をうのみにせず、あらゆる可能性を想定し検証することです。部下から直接寄せられる情報や本部宛の内部通報に基づく情報がすべて真実であるとは限りません。思込みや憶測、誹謗中傷という可能性もあります。預金元帳や伝票等の精査などに時間がかかる場合は、調査者の増員を要請するなどあらゆる可能性を考慮し、事実確認を正確かつ

迅速に行うことが必要です。

### 聞取り調査の手順

　チェック項目の第四は、聞取り調査は「周辺から中心へ」と進めることです。当事者への聞取り調査を実施すると、営業店内に不正疑惑の存在に関するうわさが広まるリスクが高まります。したがって、預金元帳や伝票等の調査により「疑惑の信憑性を見極めたうえで」聞取り調査に着手することが鉄則です。社内調査においては、調査担当者に法律上の捜査権限はありません。当事者に対しては情報提供を依頼して、あくまでも自主的に提供してもらうという姿勢で聴取に臨むことが必要です。

　聴取の内容は所定の書面に残し、可能であれば当事者に確認の署名捺印を得ておきます。事情聴取を行うにあたり、疑惑の当事者に対して不用意に聞取り調査を行ってはなりません。情報や証拠収集が不十分な段階で当事者に接してしまうと、自分が疑われていることを察知し、隠ぺい工作をする機会を与えてしまうおそれがあります。

　疑惑がほぼ確実なものとなり、本人に不正行為を認めさせるための面接を実施するに際しては、収集した証拠書類等を整理したうえで、次のような点に留意し事情聴取を実施します。

①　面接は突然に行い、本人に準備する余裕を与えない。しかし、プライバシーを十分に保てる環境で実施する必要がある。

②　疑惑の存在について言及し、「なぜあなたがここに呼ばれたのかわかりますか」などの質問により自白を促す。

③　証拠を示しつつ毅然とした態度で自白を促す。証拠が複数ある場合は、原則として1つずつ、重要度の低いものから示していく。

④　当事者を不当に非難したり、人間性を否定したりするような発言は厳に慎む。自発的な供述を促すために、本人に対する傾聴や

共感の姿勢をもつことが必要になる。

### 進捗管理の徹底
　チェック項目の第五は、判明した事実は所管部門に迅速かつ確実に集約し、少なくとも1週間に1回程度は経営陣に報告するなど、不祥事件の所管部署にて情報を一元管理し、進捗管理する必要があることです。
　判明した事実が銀行法施行規則35条7項に規定される不祥事件等に該当する場合は、その事実を知った時点から30日以内に当局に届け出る必要がありますので留意してください。

## Q42 調査報告書の作成

事故者から聴取した事実・内容を書面に残す場合、どのようなことを項目として記載すべきですか。また、その場合の注意事項にはどのようなことがあるのでしょうか。

**A** 事故者から聴取した事実・内容は書面に残す必要があります。書式はいろいろありますが、各金融機関所定の書式等により記録に残し、事故者に内容を確認させ、内容に相違ない旨の署名捺印をさせることが必要です。

作成すべき書類については、一般的には次のような項目を盛り込んでおくとよいでしょう。事故者の経歴、不正行為の概要、事故者が不正行為を認めた旨の記述、事故者が損失額について損害賠償債務を負っていること、就業規則等に基づきいかなる処分を受けても異存ないことを確認した旨の記述、事故者が損失額を賠償するための計画などです。

### 解 説

### 記録の確認

事故者から事情聴取した内容は、各金融機関所定の書式等により書面として記録に残すことが必要です。

また、事故者は、当初不正を働いたことを否定するケースが多く、事件の調査の進捗状況によって新事実が発見されたことや供述の内容に一貫性がないことなどから、事故者の供述内容が日々変わることがあります。したがって、不正調査の進捗状況や事故者による供述内容の変化の状況からそのつど事情聴取した内容を書面に残す必要があります。その場合は、事故者に署名捺印させ、日付もしっかりと記載させることが必要です。

### 書類の内容

作成する書類については、一般的には供述書や申立書など呼び方はいろいろありますが、要するに事実関係を正確に供述したものを本人に確認し、署名捺印させることです。記載内容は、おおむね次のような項目を盛り込んでおくとよいでしょう。事故者の経歴など金融機関へ入ってからの異動状況、経歴など当事者の転勤履歴を記載します。現在の業務の内容についても記載します。

⑴ **不正行為、不祥事件等の概要**

まず、第一に記載すべき重要な事項は手口についてです。不正行為の原因分析や不正防止策のもととなる手口の解明が必要となるからです。調査の段階で複数の手口が発見される場合も多くあり、手口については詳細に記載させます。また、発生期間についてですが、いつからいつまで不正行為を働いていたかを記載させます。事故者はなるべく事件を隠そうとしますから、発生期間についても供述は少ないことがよくあります。次に動機について記載させます。競輪・競馬・パチンコ等の遊興資金なのか、生活資金なのか、正確に記載させます。その他には、発覚した経緯や横領着服等の累計金額や実質的な損失額や被害者との関係などについても記載させます。

⑵ **不正行為を認めた旨の記述**

事故者が不正行為について自分が行ったこと、共犯者の有無などをはっきりと記載させます。

⑶ **損失額について損害賠償債務を負っていること**

事故者が実質的な損失額について損害賠償債務を負っていることを記載させることもあります。

⑷ **就業規則等に基づき、いかなる処分を受けても異存ないことを確認した旨の記述**

事故者に就業規則等に基づき、いかなる処分を受けても異存ないこと

を確認した旨の記述をさせます。

(5) 損失額を賠償するための計画等

事故者や事故者の親族等による損失額を賠償するための計画などについて、返済原資などを含めて確認し、記載させます。

(6) 不正行為を働いたことに対する反省や後悔をしている旨の記載

事故者の当該不正行為に対する反省の意などを記載することもあります。

### 不祥事件等に該当する場合

事情聴取し、書面に記載すべき主要な項目は以上の6項目ですが、不祥事件等に該当する場合は金融庁等への不祥事件等届出書の書式における必要事項を網羅することが必要となります。そのため、事実関係等を証拠等と突合させ、事故者から隠し事や供述した以外の被害者がないことなどしっかりと確認し、書面にすることが求められます。

### 内容に相違ない旨の署名捺印

最後に、事情聴取の内容について必ず事故者本人に復唱させ、内容に相違ない旨の署名捺印をさせることが必要となります。

# 第 5 章

## 本部における
## 不正・不祥事件対策

## Q43 事務リスク管理の着眼点（親類等との取引）

役職員が家族や親戚、知人との取引を悪用する不正行為を防止・発見するためには、どのような対応策が必要でしょうか。

**A** 横領の事件では、事故者が家族・親戚や知人の現預金を悪用するケースが目立ちます。したがって、事務リスク管理の観点からは、親戚や知人だからといって安易に例外的な扱いをしないことが重要です。役職員の家族・親戚・知人との取引は、必ず本人以外の者が担当するというルールを明確化し、やむをえず本人に担当させる場合は、管理者がより厳格に確認しなければなりません。

― 解　説 ―

不祥事件のなかで事故者が親戚や知人の現預金を着服しているケースが多くあります。家族や親戚、知人からは信頼されており、規程等を遵守しなくても、「あの人の家族預金だから、任せておいても大丈夫だろう」と安易に受け入れている傾向があります。受け入れる金融機関側にとっても担当者の家族、親戚や知人であるため、預金を取り扱う出納係やテラー、オペレータ、役席者は預金の解約等の意思確認をせずに事故者のいうことを信じてしまいがちです。

そのような状況は不正の機会として悪用されやすくなってしまいます。「この預金の処理については家族や親戚から信頼された本人に任せておけばよい」という考え方は大変危険です。家族取引といえども例外的な取扱いをしないことについて規程等で明文化し、その内容を組織内に周知徹底してください。

家族、親族や知人の預金を不正流用した事例は以下のとおり数多くあります。

◇顧客（親戚、知人、友人約20人）を訪問して預かった定期預金や普通預金などの現預金を着服したケース。
◇渉外担当者が通帳や印鑑の管理を任されていた両親や親戚の定期預金を無断で引き出し、遊興費などにあてていた。親戚が定期預金の解約を申し出た際に残高が不足していたために発覚したケース。
◇渉外担当者が上司の承認の必要ない100万円未満の定期預金の解約を行い、発覚を免れていたケース。被害者は現預金の入出金を任されていた親戚や知人ばかりだったので、チェックができなかった。
◇知人や親族名義でカードローン申請書を偽造したり、申込みを勧誘した顧客からローンカードを借りたりして、カードローンの実行金を着服したケース。

具体的な対応策は以下のとおりです。

① 親戚や知人だからといって例外的な扱いはいっさいしない。親戚や知人に対する業務の取扱いは規程等によって厳格に定められている金融機関もあるが、徹底されていない場合もある。一般的には親戚、知人だからといって例外扱いはせず、以下の点に留意して、態勢を整備する必要がある。

　ⅰ　預かり証の発行などは、親戚、知人だからといって例外扱いはせずに通常の渉外担当者と同様に預かり証を発行し、役席者、受付者、出納係、オペレータは例外扱いをせずに業務処理を行う。

　ⅱ　代筆などの異例扱いを絶対に認めない。無通帳扱い、印鑑なしや預かり証の不発行などの異例扱いを認めない。

　ⅲ　親戚や知人の預金の取扱者が内勤役席者の場合は、別の役席者による検印やチェックを行う。

iv　解約などの場合は、顧客本人に電話照会をするなどして、本人の解約の意思確認を実施する。
② 預金の解約などの受付業務は本人にはさせないよう規程・マニュアル等に規定し、厳格な対応をする。
③ 伝票や帳票には担当者の家族、親戚や知人である旨を記載しておく。
④ さらに、親戚や知人からの預金等の募集自体を禁止することも考えられる。家族、親戚、知人からの預金等の受入れを原則禁止している金融機関もある。また、担当者の転勤に伴って親戚や知人の預金等の移動を禁止することも必要であり、実際に禁止している金融機関もある。
⑤ 発覚している不祥事故のなかでは、担当者による代筆が恒常化しているケースが多くある。さらに金額欄や住所などの記載も代筆になっていることもある。担当者本人には絶対記載させないようにすることが肝要である。必ず親戚や知人本人に自筆させ、代筆はいっさい禁止とする。営業店長または営業店長の指名する役席者による代筆チェックをさせ、自店検査項目に代筆チェック項目を入れることも必要である。

## Q44 事務リスク管理の着眼点（経費、給与）

経費や給与などの不正請求には、どのような手口がありますか。

**A** ACFEでは、「現預金の不正流用（横領）」を「スキミング（入金処理前の着服）」「ラーセニー（入金処理後の着服）」「不正支出」の3つに分類しています。スキミングやラーセニーが事故者が自分の手で現預金を着服するのに対し、「不正支出」は支払の裏付となる証拠書類（契約書、請求書、支払伝票、小切手など）をねつ造、改ざんすることにより、あたかも通常の支出であるかのように会社（の管理者）を欺いて、事故者自身もしくは共犯者宛に不要な支出をさせるように仕向ける不正行為です（スキミング、ラーセニーについてはQ59を参照）。以下に、事例を紹介します。

### 解説

### 請求書に関する偽装

職員が顧客の預金の払戻請求書や解約申込書を悪用したり、融資申込書類を偽造したりして預金の払戻しや融資実行の検印を受け、資金を着服・流用するという不正行為は、「あたかも通常の出金である」と顧客や他の職員を欺くことから、「請求書の偽装による不正支出」の一種と考えることができます。

(1) 事例：私的な購入に対する請求書による経費の不正請求

顧客向けを装って支店の経費で物品を複数購入し、その一部を自宅に持ち帰って私物として利用するという手口です。

「サービス品発注と称して私物を購入している」という内部通報を受けた本部から支店長宛に調査依頼が入り、支店長が副支店長に事情聴取をした結果、不正行為を認めたケースがありました。

(2) 事例：融資申込みの偽装

融資担当者が知人の免許証や健康保険証のコピーを悪用して、架空名義の預金口座、個人ローン申請書類を作成し、融資の決裁を得て、架空口座に入金された融資金の着服をする手口です。

返済予定表を郵送禁止にする、着服と返済とを繰り返しながら延滞しないようにするなどの方法で隠ぺいを図ることが考えられます。本人の転勤により隠ぺいし続けられなくなり、郵便物が宛先不明で返送されたことをきっかけに架空口座の存在が明るみに出るケースがありました。

### 給与計算に関する偽装

会社が職員に支払う給与計算・支給のプロセスを悪用するものです。営業店経費の多くを占めるもので、特に注意が必要です。

(1) 事例：諸手当の不正受給

通勤定期券購入状況の抜打ち点検を行った結果、自宅から駅までバスを利用するという申告で毎月通勤費を受領しているにもかかわらず、実際には定期は買わずに、自転車や家族の送り迎えにより駅まで通っていたというケースが複数みつかった事例があります。

(2) 事例：歩合給の過大申告

給与の全部または一部が営業成績に連動している場合に、営業成績（販売数量、顧客獲得数など）を偽って報告し、給与を過大申告する手口です。

現在の預金等受入金融機関においても、歩合給やインセンティブ方式の給与体系が一部に採用されてきています。今後は、この手口による不正の可能性も大きくなるかもしれません。外資系の証券会社や保険会社のセールス部門では、インセンティブ方式の担当者が特に期末にかけて販売額や顧客獲得数などを水増しして実績報告してしまうケースがあります。

また、不適切な営業手法によって個人の成績をかさ上げすることも考えられ、顧客保護の観点からも問題となる場合もあります。

(3) **事例：勤務時間数や時給の不正申告**

金融機関職員が勤務状況報告書上の時間外勤務時間数などを虚偽記載して、給与を過大請求する手口です。

その他、虚偽の申告による有給休暇の取得も実質的に給与の過払いを不正に受けるということですから、給与計算の偽装による不正支出の手口の1つです。

(4) **事例：幽霊職員**

実際には雇用していないのに非常勤職員を雇用したようにみせかけ、架空の賃金請求をする手口です。営業拠点の管理者が勤務実態のない非常勤職員を雇ったようにみせかけて偽りの賃金請求書を作成し、賃金や社会保険料の還付金などを不正に受領する事例があります。

## 経費精算に関する偽装

(1) **事例：経費の使途偽装**

私的な旅行で支払ったホテル代や交通費を出張旅費として請求する、友人との食事代を接待費として請求する、私的な書籍購入を業務用書籍と偽り請求するなどが該当します。

(2) **事例：経費の水増し請求**

出張時に、ディスカウントの航空券を立替払いで購入したにもかかわらず正規料金の見積書を添付して旅費を請求する、接待時に店から白地の領収書をもらって実際よりも多い金額を書き入れるなどが考えられます。

(3) **事例：架空経費のねつ造**

領収書をねつ造する、納入業者等から白地の領収書を入手して悪用する、取引先負担の交通費、ホテル代等をチケットや確認書などをもとに

請求するなどの手口が該当します。

　出張する際に自宅に宿泊していたにもかかわらずホテルの宿泊代金を請求していたことが、匿名の内部通報により発覚した事例があります。インターネットでホテルの部屋を予約し、本人のメールアドレス宛に自動返信される予約票を入手し、その後、再度インターネットで予約をキャンセルするという手口を用いていました。出張後、ホテルのレシートをなくしたといって庶務係には印刷した予約票を渡し、経費を精算していました。

(4)　**事例：経費の多重請求**

　領収書とクレジットカードの請求明細、領収書の原本とコピーなどを用いて同一の交通費や宿泊費などを複数回請求することにより、不正な支払を受けるという手口です。

　銀行から支給されたコーポレート・カードでホテル代を精算のうえ、チェックアウト時に銀行宛の領収書を受領し、出張後に別途立替払経費の申請書を起票するという手口で、約1年半にわたりホテル代を二重に受け取っていた事例があります。

## Q.45 事務リスク管理の着眼点（融資業務）

融資業務で、役職員が犯す不正にはどのようなものがありますか。それぞれどのような注意が必要ですか。

**A** 融資に関する不正というと、申込者が決算書や資金使途を偽って、金融機関から融資金を詐取する行為が思い浮かびますが、金融機関の役職員が不正を行う場合もあります。ここでは、金融機関の役職員によるさまざまな融資関係の不正について考えます。

―― 解　説 ――

### 本人になりすましての融資申込み

金融機関では、預金者や融資申込人の本人確認をするために運転免許証などの提示を受けたり、そのコピーを取得したりしています。これらの本人確認資料のコピーを悪用して、あたかも本人が融資申込みをしたかのように融資申込書類を偽造し、融資の決裁を得て、架空口座に入金された融資金の着服をする事例があります。事故者は、ローンの返済資金をさらに別の架空融資により捻出し、延滞を発生させない、返済予定表などの郵便物を郵送禁止にする、融資金の振込みを偽造するなどの手口によって発覚することなく、不正を繰り返していました。

〈防止・発見のための留意点〉
◇本人確認書類は真正なもので、偽造変造はないか。
◇融資申込書類に役職員の代筆はないか。
◇担当者が取り扱う融資案件で振込先が重複していないか。
◇融資関係書類の郵送は取り扱わないこととしているか。

## カードローンでの不正

　リテールバンキングを推進するなかで、個人向けのカードローンの推進に力を入れていく金融機関も多いと思います。個人向けのカードローンは明確な資金使途がなくても申込みができ、簡便な手続で設定ができるため、そのチェック体制が比較的緩くなりがちな商品です。商品性から家族や知人などに申込みを「お願い」して申込みに至ることも多いと思います。「お願い」にとどまらず知人や親族名義でカードローン申請書を偽造することもあります。申込意思の確認は通常の融資と同様に厳格に取り扱わなければなりません。特に、職員の知人や親戚など個人的な関係者からの申込みは注意が必要です。

　また、申込みを勧誘した顧客からローンカードを借りたりして、カードローンの実行金を着服することも考えられます。利用履歴や利用残高の通知を本人宛に行うことで不正の牽制や早期発見につながります。

　〈防止・発見のための留意点〉
　◇申込意思確認は受付者以外のものが行っているか。
　◇カードは必ず本人自宅に書留扱いで郵送しているか。
　◇各種通知を自宅宛に送っているか。

## ミスを抱え込んでいる職員による不正

　事務取扱いや期日管理のミス、顧客への安請合いなどで追い詰められているケースも考えられます。たとえば、融資担当者が顧客からの借入申込みの手続を忘れていて、借入希望日が直前に迫ってしまい、いまからでは間に合わない、受付当初から自分の判断で「大丈夫」と軽はずみな発言をしていたというような状況が該当します。「忘れていたなんて上司には報告できない」「いまさらダメでしたなんていえない」という状況のなか、「なんとかしなくては」と思い込んだときに、「他人に打ち明けられない金銭問題」が生ずるのです。その結果、自分の預金を取り

崩したり、顧客の預金を流用したりして「浮貸し」してしまうリスクが高まります。日頃から融資案件を把握し、その進捗状況を管理しなくてはいけません。

　ミスとはいえませんが、取引先から過度な接待等を受けたために融資謝絶ができない状況になり、財務内容などを改ざんするなどして融資承認を取り付け融資を実行してしまうことなども考えられます。

〈防止・発見のための留意点〉
◇自店の融資案件を把握しているか。
◇融資案件の進捗状況を管理しているか。
◇特に業務に慣れていない若年職員や係替えしたばかりの部下の業務指導は十分か。
◇業務を部下任せにせず、情報の共有化ができているか。
◇特定の個人に業務が集中していないか。
◇特定の取引先から、融資案件に関し繰り返し照会が入っていないか。
◇融資謝絶の顧客への通知を担当者からさせていないか（自分が受けた案件を断るのは担当者にはしづらい場合が多いため、本人に連絡させると「断りきれない」という強いプレッシャーを感じてしまうおそれがある）。
◇担当者が特定の取引先の案件に対して必要以上に熱心な肩入れともいえる取組みをしていないか。

## Q46 内部監査部門としての対応

内部監査部門として「不祥事件」に対してどのような監査を実施すればより効果的ですか。

**A** 監査結果や不祥事件の原因分析をふまえた監査項目の継続的な見直しや不正リスク要因をふまえた監査手法の充実、不祥事件対応への専門性の向上、監査結果の他部門との共有といった点を考慮し、監査を実施すればより効果的になるでしょう。

### 解説

### 不祥事件の原因分析をふまえた監査項目の見直し

不祥事件が発生した場合には、事実確認調査に基づく原因分析をふまえて、再発防止に向けて次のような順序で監査項目等の拡充・見直しを実施します。

① 年度監査計画の見直し
② 不祥事件に係る監査項目のリスクアセスメントの見直し
③ 上記リスクアセスメント見直し結果に基づく、監査マニュアル等の改訂
④ 過去の不祥事件における再発防止策の有効性の有無
⑤ 不祥事件に係るいわゆる「テーマ別」監査の実施
⑥ 不祥事件の防止に係る関係部署のPDCAサイクルに関するモニタリング態勢の構築

つまり、不祥事件が発生した際はその防止策をモニタリングし、その後の監査の有効性を高めていく取組みが必要です。

### 不正リスク要因をふまえた監査手法の充実

　内部監査を実施するにあたり、不正のトライアングルなどを念頭に、従来以上に人的リスクに着目し、書類の精査のみならず、営業店長から担当者までの面接も重視した内部監査の必要性が高まっています。また、人事部門とできる限り情報を共有し、被監査部門の人事管理面における課題（人的リスク）などを念頭に置いたうえで監査を実施することが望まれます。

### 不祥事件対応への専門性の向上

　不祥事件、特に横領の手法は「古典的」なものが多いとされています。しかし、ステークホルダーのみる目を含め、金融機関の不祥事件を取り巻く環境は大きく変化してきています。

　「過去の類似事例への対応をそのまま踏襲してよいか」「金融機関としてどこまで踏み込んで調査すべきか」「どこまでの範囲を不祥事件としてとらえるべきか」など、不祥事件については法的側面も含め従来の監査のノウハウだけでは対応しきれない部分があります。こうした状況から、内部監査を通じた不祥事件への対応にもより高い専門性が求められてきています。

　内部監査部門が不祥事件調査を実施している金融機関においては、あらかじめ不祥事件調査の専担者を決めておき、日頃から不祥事件への機動的な対応ができる態勢を構築しておく必要があります。また、こうした専担者の専門性を維持向上させるための予算等を適切に確保することも重要になるでしょう。

### 監査結果の他部門との共有

　監査結果について不祥事件防止の観点から関係各部門と共有し、内部管理態勢の強化に役立てることが必要です（いわゆる監査報告会とは別

に、関係各部門が定期的に情報を共有する場を設ける仕組みがあれば理想的です)。

　　◇人事部門：人的リスクに関する問題意識の共有、人事部門施策の浸透状況、被監査部署の内部管理態勢上の弱点を補う人事異動の実施
　　◇コンプライアンス部門：自組織のコンプライアンス・マインドの浸透、コンプライアンス違反につながりうる状況の共有
　　◇事務統括部門：監査結果に基づく被監査部署の事務リスク状況のフィードバック、事務手続、事務指導項目、自店検査項目の見直し・拡充

### 全社的な視点での議論

　また、不祥事件対策を強化するためには、内部監査部門が監査結果報告を行う際に、被監査部署における所管事項の脆弱性だけでなく、自組織全体の内部管理態勢上の脆弱性や課題はどこにあるかという、大局的な見地から議論をすることが有効です。

## Q47 人事部門としての対応

人事部門として「不祥事件」に対してどのような対応・対策を実施すればより効果的ですか。

**A** 不正・不祥事件防止への認識を高める研修、非正規職員も含めた定期的な人事異動の実施、メンタル面のカウンセリング機能の強化、臨店によるヒアリング、福利厚生面の充実、懲罰の厳正化、内部監査部門との情報の共有化、内部事務担当者のモチベーション維持・向上といったことがあげられます。

### 解説

### あらゆる階層に対する不正・不祥事件防止への認識を高める研修の実施

正規職員だけでなく、パートタイマー、派遣職員も含めて、不正・不祥事件とは何か、なぜ起こるのか、自分たちにとっていかに重大な問題か、起こさないために各自がどのような役割を果たすべきかなどに関する教育・訓練を、全階層に対して必ず実施します。ただし、「不正対策研修」を個別に実施する必要はありません。採用時の導入研修や事務研修、管理者向けのマネジメント研修の１項目として盛り込むことで、不正・不祥事件防止に向けた環境整備を進めることができます。また、可能であれば、研修等の場を利用して面接を実施することも有効でしょう。

### 非正規職員も含めた定期的な人事異動の実施

不正の実行・隠ぺいの「機会」を与えないという観点から適切なローテーションの重要性は、金融検査マニュアルにも記載されています。不

正・不祥事件防止、抑止、早期発見の効果を高めるためには、期初や株主総会後など「定例的な」人事異動だけでなく、「意外な」時期での異動も絡めることも一考に値します。また、店内での係替えや連続休暇取得も徹底させる必要があります。特に非正規職員については、転勤にはある程度制約がありますが、店内でのローテーションを活用することにより「長期滞留」のリスクは相当程度軽減させることができます。

### メンタル面のカウンセリング機能の強化

不正の「動機」や「正当化」の根本にある原因は、悩みや不満を１人で抱え込むという点で、メンタルヘルス上の問題と共通する部分が少なからずあります。まずは、現場の管理者のカウンセリング・マインドや面接スキルを向上させる研修を強化するとともに、上司には相談しにくい問題については外部の専門サービスを活用するなどして、職員が「人に相談できない悩みや不満」を抱え込まないようにするケアを、人事部門主導で充実させることが必要です。

### 臨店によるヒアリング

現場の管理者とは異なる視点から、人事部門による定期的な面談を実施することも有益といえます。ただし、各職員レベルでは、「人事に悩みや不満をいってしまうと人事考課上マイナスになるのではないか」という不安感をもつことが考えられますので、形式的な訪問に終わらぬよう、人事部門スタッフのカウンセリング・スキルの向上や、相談しても本人に不利益が及ばないことを確保する仕組みが不可欠です。

### 福利厚生面の充実

横領に関しては、必ず「収入を超える金銭ニーズ」の存在が背景にあります。なんらかの問題で収支が悪化した職員が利用しやすい厚生融資

制度の創設、運用は、不正の動機となる「他人に打ち明けられない金銭問題」の発生を防ぐ方策として有効です。なお、この制度についても、職員が利用をためらうケースが想定されますので、利用状況に関する機密保持を徹底し、人事面でマイナスとならないことを周知するなどして、利用しやすい環境をつくる継続的な努力が、人事部門には求められます。

### 懲罰の厳正化

これは、必ずしも「厳罰に処する」ことではありません。一貫性をもった公正な適用が重要だということです。懲戒規程の条文は、ともすると表現があいまいで解釈の余地が広いケースが少なくありません。したがって、懲罰委員会などに意思決定を集約し、顧問弁護士などの専門家の助言や過去の処分事例などを参考にした、厳正な運用が求められます。

なお、横領事件においては刑事告訴をするかどうかについてむずかしい判断が求められるケースが増えてきています。従来は「着服額を全額返済すれば告訴はせず、懲戒解雇にとどめる」という対応が「主流」でしたが、金融庁による預金者保護の重視や信用創造機能を司る金融機関としての社会的責任の高まりを背景に、「お金を戻したからよい」では説明責任を果たしていないと受け取られる時代になりつつあります。横領の当事者に対しても改心し更正する機会を与えることは重要ですが、再発防止の観点からも、刑事告訴に対するより厳しいスタンスの必要性を顧問弁護士等と協議する必要があります。

### 内部監査部門との情報の共有化

不正リスクは人的リスクですので、職員の人事情報はある意味では不正対策に非常に有用な情報です。もちろん、個人情報等の保護やプライ

バシーの観点から、人事部門による職員の情報管理は厳格に行わなければなりませんが、内部監査部門等が監査を実施するにあたり、被監査部署における過去の不祥事件発生状況や、プレッシャーや不満をもたらしうる風土の存在、「長期滞留」などに関する人事部門の問題意識を可能な範囲で監査人と共有することは、「不正リスク（人的リスク）への感度を高めた内部監査」を実施するうえで非常に有効です。

### 内部事務担当者のモチベーション維持・向上

不正の「動機」は処遇への不満によっても形成されます。ありがちな構図として、間接部門である内部事務の担当者・役職者は、少人数化等により業務が繁忙になる一方で、融資や渉外の同期職員に比べて昇進が遅れるという状況がある（少なくとも本人はそういうわだかまりをもっている）ことが想定されます。

人事部門そして営業店長は、現預金の事務を大量に処理する内部事務担当者が、そのような不満感をもつことにより、不正リスクが高まるということを認識し、内部事務の業務を具体的に評価していく必要があります。必ずしも昇給や昇格という形ではみせられなくても、日常のコミュニケーションのなかで仕事ぶりを認めることによって、モチベーションの維持・向上を図ることも可能です。

## Q48 事務部門としての対応

事務部門として「不祥事件」に対してどのような対応・対策を実施すればより効果的ですか。

**A** 不正リスク要因をふまえた事務リスクの分析・評価と事務規程への反映、役職者向け研修における事務リスク対応項目の拡充、自店検査の実効性向上、事務リスク対策における他部門との連携強化といった点があげられます。

― 解　説 ―

### 不正リスク要因をふまえた事務リスクの分析・評価と事務規程への反映

金融検査マニュアルにおいて、事務リスクは「役職員が正確な事務を怠る、あるいは事故・不正等を起こすことにより金融機関が損失を被るリスク」と定義されています。したがって、事務統括部門の役割は不正対策と直結しているといえます。事務リスクの分析・評価に際して、「人はなぜ悪いと知りながら不正を犯すのか」という不正リスク要因の観点を重視しながら、評価結果を事務規程等に反映させる取組みが求められます。

### 役職者向け研修における事務リスク対応項目の拡充

事務リスクを低減するうえで、役職者の精査・検印などによる厳正な事務管理は欠かせません。不正の手口や防止・発見のポイントに関する内容を役職者研修や事務管理研修に盛り込むことにより、営業店における不正リスクへの対応力を高める役割が求められます。

### 自店検査の実効性向上

　事務統括部門は、内部監査の実施結果や不正・不祥事件の発生状況をふまえて、実効性の高い自店検査の実施基準、実施要領を定め、必要により見直します。営業店における自店検査が形骸化しないように、検査結果の報告を常時受けるとともに、各店の自店検査が実効性を伴っているかどうかを検証します。

### 事務リスク対策における他部門との連携強化

　事務リスクの低減に向けて、次の観点から各部門と連携を強化することが望まれます。

　　　◇人事部門：職員向けの研修体系への事務リスク対策カリキュラムの組入れ、事務リスク対応状況の人事評価、営業店評価への反映
　　　◇内部監査部門：内部監査結果の共有と事務規程や自店検査実施要領改訂への反映
　　　◇コンプライアンス部門：コンプライアンス関連情報の共有と事務規程・自店検査実施要領改訂への反映

## Q49 コンプライアンス部門としての対応

コンプライアンス部門として「不祥事件」に対してどのような対応・対策を実施すればより効果的ですか。

**A** 倫理コンプライアンスの重要性に関する周知徹底、コンプライアンスの徹底に関する全組織的なモニタリング、コンプライアンスに関する情報の収集と違反への対応、不祥事件対策に詳しい専門家（弁護士等）との関係強化、コンプライアンス推進における他部門との連携強化といった点があげられます。

――― 解　説 ―――

### 倫理コンプライアンスの重要性に関する周知徹底

コンプライアンス・マニュアルや研修、イントラネットなどを最大限に活用し、経営トップが示す倫理コンプライアンス重視の姿勢を具体的な形で職員一人ひとりに浸透させます。

### コンプライアンスの徹底に関する全組織的なモニタリング

コンプライアンス統括部門による実地検査や各部署のコンプライアンス担当者を活用した全組織的なモニタリングを継続的に行い、コンプライアンス違反の未然防止、早期発見に資する役割が求められます。

### コンプライアンスに関する情報の収集と違反への対応

実地検査やコンプライアンス担当者から得られる情報や内部通報を一元的に管理し、不正・不祥事件を含むコンプライアンス違反の疑惑が生じた場合には、事実確認調査や通報者とのコミュニケーションを中心的に実施することが期待されています。

### 不祥事件対策に詳しい専門家（リスク管理の専門家・弁護士等）との関係強化

不正対策にかかわる法的知識や不正調査実施のノウハウなどに関して、いざというときに協力が求められる外部の専門家とのパイプを築く役割が求められます。

### コンプライアンス推進における他部門との連携強化

コンプライアンス推進を組織全体に浸透させ、コンプライアンス違反の未然防止・早期発見を徹底するため、次の観点から関連各部との連携を強化する役割が期待されています。

　　◇人事部門：コンプライアンス研修の企画運営（管理者研修や事務研修、営業研修などあらゆる研修にコンプライアンスの重要性を周知徹底するカリキュラムを盛り込む）
　　◇内部監査部門：コンプライアンス情報の共有による内部監査計画策定の支援
　　◇事務統括部門：コンプライアンス情報の共有による事務規程等改訂の支援

# 第 6 章

# 営業店における不正・不祥事件対策

## Q50 営業店管理者としての注意点

営業店の管理者として不正や不祥事件への対策を強化するために特に注意しなければならない重要なポイントはなんですか。

**A** 不正対策のPDCAサイクルともいえる「未然防止」「抑止」「早期発見」「調査」「損失回復と再発防止」の観点から防止策を検討することが、対策強化の有効な手段の1つといえます。

── 解　説 ──

### 未然防止

(1) 取組みの概要

未然防止とは、業務の流れやルールを整備して不正を犯せない仕組みをあらかじめ強化すること、つまり予防措置を講ずることを指します。不正リスク要因との関連でいえば、「不正を犯す機会をできる限り減らす」取組みです。

(2) 全般的な留意点

現預金の不正流用を未然防止する基本は「1人で現預金を取り扱わせない」仕組みをいかに徹底するかです。この点については、金融機関は他業界と比較して厳格な内部統制が敷かれているといえます。出金取引（特に大口の出金や定期預金の中途解約など）は、再鑑や検印、役席者承認取引というプロセスにより必ず担当者以外の者が取引の正当性を事前にチェックする、金庫や自動機における現金の出し入れは2人以上の立会いのもとで行うなどの統制（職務の分離や相互牽制）が事務規程には必ず盛り込まれているはずです。

したがって、不正の未然防止の第一歩は、規程に則った事務処理の徹底にあり、不正の多くは信頼関係に基づいた例外的な事務処理を悪用し

て実行されます。甘いチェックが不正を誘発することに留意し、例外的な取扱いは極力避けてください。

### 抑　　止
(1) 取組みの概要

抑止とは、金融機関の役職員が金銭問題を1人で抱え込んでしまった場合でも横領の「動機」や「正当化」に屈しないように導き、不正行為を思いとどまらせるための取組みを指します。

(2) 全般的な留意点

具体的には、過度のプレッシャーが生ずる環境をできるだけつくらないこと、または、プレッシャーが生じているということを周囲が早期に察知し、十分なケアをすることが大切です。

未然防止の取組みを強化することは「周りからみられている」という認識を高めますので、おのずと抑止効果の向上につながります。

また、「未然防止」でも説明した、規程に基づいた厳格な事務処理を平素から実施することが、抑止にもつながります。

### 早期発見
(1) 取組みの概要

不正行為を100％防ぐのは不可能といわざるをえません。そこで、防止できずに顕在化してしまう不正リスクの芽をできるだけ早くみつけて摘み取ることができるよう、「健全な懐疑心」をもって業務管理をすることが重要です。

(2) 全般的な留意点

早期発見のためのチェックポイントは以下のとおりです。

　◇自分が管理する業務のリスクを把握し、リスクに応じた管理をする。

◇部下の言動をうのみにしない、疑問を感じた時は納得のいく説明を求める。
　　◇部下一人ひとりの性格や行動パターンを把握し、身なりや表情、言動などに注意を払い、変化を感ずる。
　　◇プライバシーに配慮しつつも、部下のプライベートに対しても無関心でいてはならない。
　　◇内部通報制度を周知し、安心して通報できる環境を整備する。
　　◇顧客からの照会や苦情に対し、不正発覚の端緒としての注意を払う。

### 事実確認調査
(1)　取組みの概要
　自店検査や内部監査、さらには内部通報や顧客からの照会・苦情などにより不正・不祥事件の疑惑が発覚した場合には、速やかに事実関係を確認して、当局への届出などの情報開示、損失の回復、関係者の処分などを適切に行わなくてはなりません。未然防止や抑止がリスクの顕在化を防ぐというリスク管理の議論であるのに対して、調査は事が起こってからの危機管理の範囲に含まれるといえます。

(2)　全般的な留意点
　疑惑はあくまで疑惑ですので、入手した情報を客観的に分析し、あらゆる可能性を想定して、慎重に事実を突き止める姿勢を持ち続けることが大切です。
　金融検査マニュアルでは、法令等遵守態勢の確認検査用チェックリストⅢ．4．①(i)において、「事実関係の調査・解明、関係者の責任追及、監督責任の明確化を図る態勢が、法令等違反行為の発生部署とは独立して整備されているか」というポイントを明記しています。したがって、営業店で不祥事件が発生した場合には、基本的にコンプライアンス部門

など本部の所管部門が事実確認を行い、「発生部署」である営業店が主体的に調査を行うケースは少ないでしょう。ただし、営業店も本部による調査の円滑化に全面的に協力する必要があります。

### 損失回復と再発防止
(1) **取組みの概要**

　調査の結果、不正・不祥事件の事実が明らかになったら、発生してしまった損失（金銭的な損害、風評の悪化など）をできる限り回復できるよう、事態の収拾を図らなくてはなりません。また、本部と営業店とが協力して、発生原因を分析し再発防止に全力を尽くすことも重要です。

(2) **全般的な留意点**

　この段階で最も留意すべきは、被害を受けた顧客と損害額とを早期に確定させ、謝罪および損害賠償により誠意をもって信頼の回復に努めることです。顧客対応は、営業店独自の判断はせず、関係本部と十分協議のうえで行ってください。

　不正が発覚すると営業店のモチベーションは大幅に低下します。事実は厳粛に受け止め、再発防止を徹底すると同時に、管理者はリーダーシップを発揮し、モチベーション低下を回避するよう、営業店経営に臨むことが必要です。

## Q51 営業店のコンプライアンス態勢強化

営業店のコンプライアンス態勢を強化するためにはどのような方法があるでしょうか。

**A** 営業店におけるコンプライアンス態勢強化のためには、トップである営業店長がコンプライアンスの重要性を自らの言葉で全職員に明示し、率先垂範により徹底しなければなりません。

― 解　説 ―

　営業店のコンプライアンス態勢を強化するためには、その土台となる組織風土、内部統制の構成要素でいえば「統制環境」を整備しなくてはなりません。営業店においては、コンプライアンス・マニュアル等のツールを拠り所として、営業店長が自らの言葉で健全な意向および姿勢を示し続けることが重要です。

　営業店長がコンプライアンスの重要性を部下に周知徹底するための具体的な方法にはさまざまなものがあります。

　コンプライアンスは営業店が業務の有効性と効率性とを高めて目標を達成するために不可欠な取組みですから、まずは、期初や月初などの節目に営業店全体で目標や実績を確認しあう会議などの場において、目標達成に向けてコンプライアンスがなぜ重要かという切り口で徹底することが有効でしょう。

　また、日々の業務において、職員の日誌や口頭での報告、顧客とのやり取りにコンプライアンス面で気になるところがあれば、そのつど質問、指摘をすることが大切です。小さな問題を見過ごしてしまうと、後々重大なコンプライアンス違反を招いてしまうかもしれないという意識が必要です。

さらに、日常業務においては営業店長自身よりも各部署の役職者がコンプライアンスの徹底を司るケースが多いでしょうから、定期的に実施する役職者会議などにおいて、営業店長から各役職者にコンプライアンス上重要なポイントを伝え、それを各部署の職員に周知させるという方法をとることも有効です。それにより、コンプライアンス徹底への役職者の主体的な取組みを促す効果も期待できます。

　最も重要なのは、営業店長や役席者などの部下をもつものが、コンプライアンスを軽視するような発言を間違ってもしないことです。たとえば「目標必達のためには、多少のことには目をつぶれ」というような言動は、コンプライアンス態勢強化のための土壌を一気に汚染し、一事が万事、部下のなかに「目標達成のためなら、何をしてもよいのだ」という意識を植え付けてしまいます。

　米国の非営利組織であるEthics Resource Centerが2005年に発表した全米ビジネス倫理調査のアンケート結果では、職員の倫理的行動に最も影響を与えるのは「上司の言動」であるという結果が出ました。また、Compliance and Ethics Leadership Councilという組織は、2007年に北米、ヨーロッパ、オーストラリア等の従業員5,000人以上の企業を対象に実施した調査において、不正行為の低減に向けた最も有効な対応は経営トップが職員に対して倫理的（誠実）な行動への期待をより明確に伝えることであると結論づけました。そのうえで、倫理的な行動への期待が明確に伝わっている企業はそうでない企業に比べて不正行為の発生率を4割以上低減できるとしています。(Compliance and Ethics Leadership Council. *"Preempting Compliance Failure : Identifying Leading Indicators of Misconduct."*)

## Q52 営業店における不正の機会

営業店において不正の機会をつくらせないためにはどのようにしたらよいでしょうか。

**A** 不正の「機会」をつくらないためには、まず「どこに不正の機会が生じてしまうか」を把握しなければなりません。そのためには自店内もしくは自組織内で過去にどのような不正事件が発生しているか。その原因はなんであったか。そのための対策はどのように行っているかを把握し、営業店長以下の役職員全員によりその内容を共有し、再発防止のために何をすべきかを全員で議論し、情報の共有化を図ることです。

### 解　説

　不正の機会は、管理者による牽制態勢の不備や効率化による人員不足、営業推進重視による内部管理態勢の不備などにより生じます。そのような環境下においては「不正を犯してもこの管理態勢ならばみつからない」という考えが組織内に芽生えやすくなります。自店の業務のなかでそのような認識が生じやすい業務はどの業務か（例：訪問先で顧客と1対1で現預金を授受する渉外業務）、その業務を担当しているのはだれか（例：法人渉外担当者）、その職員の業務について適切に管理されているかという視点でリスクを洗い出すことが必要です。

　定期的に営業店内会議等で自店における不正リスクが発生する可能性はないかなどをテーマとして取り上げ、不正リスクに関する認識を高めることも有効です。もし自店内で不正を起こそうと考えている役職者がもしいたとしても、会議等で徹底されていれば「不正を行ったとしてもすぐにみつかってしまうからやめよう」と思いとどまるなどの牽制機能が働く効果があります。

また、営業店長以下の管理者は、自店検査の内容について、不備事項を分析し不正につながるリスクはないか、あるとすれば改善策はどのようにすべきかなどを協議し不正リスクの発見に努めるべきです。営業店長以下管理者は、本部による内部監査や業務指導の結果により自店のリスクを把握することも必要です。最近金融機関においては本部主催のコンプライアンスに関する会議や階層別のコンプライアンス会議や研修が多く実施されています。その会議や研修の内容を営業店長や出席者が持ち帰り、自店で会議や研修を派遣職員、パート職員を含めた役職員全員に行うことが効果的です。

　自店内もしくは自組織内で起こった実際の不祥事件にはどのようなものがあるか、その不祥事件の発生原因はなんであったか、再発防止のための改善対応策にはどのようなものがあるか、実際に改善されているかを自店内会議で徹底することも必要です。いずれにせよ、不正事件を起こせば、当然のことですが、法令等および社内規程に則り厳格な処分が行われるということを役職員全員に周知徹底することも重要です。

　また金融検査マニュアルには事務リスク管理態勢における「各業務部門の管理者及び営業店長の役割」として、以下の記述があります。

　① 事務処理について生ずる<u>事務リスクを常に把握</u>しているか
　② 適正な事務処理・事務規程の遵守状況、<u>各種リスクが内在する事項についてチェック</u>を行っているか

　営業店長は、不正リスクなどの各種リスクを常時把握するとともに自組織内において適正な事務処理が行われ、各種規程を遵守し、不正リスクなど各種リスクが内在する事項についてチェックを行うことが求められています。

## Q53 事故者の心理状態と行動面の特徴

不正を行っている者（事故者）の心理状態や典型的な行動パターンにはどのようなものがあるのでしょうか。

**A** 事故者はいつ事件が発覚するかといつも緊張し、細心の注意を払い、不正が発覚しないよう偽装を行っています。事故者が一番おそれていることは何かという心理状態や偽装の内容を知ることにより、不正を見抜くことが可能となるケースもあります。不正を隠ぺいしている事故者がおそれていることは、主として次の4項目です。

①　休暇中に不祥事件が発覚すること
②　本部の内部監査や自店検査で不祥事件が発覚すること
③　顧客からの問合せ等により不祥事件が発覚すること
④　人事異動による他部店への転勤により不祥事件が発覚すること

### 解説

たとえば、ATMの現金を着服しているケースを想定しましょう。事故者は内勤の役席で、ATMの精査、現金装てん、現金回収、トラブルや故障時の回復業務などいっさいのATM業務を行っています。ベテランの役席であり、他の役職員から全幅の信頼を受けており、完全に検印等の内部管理を任せられていました。実は本人はギャンブル好きで家族や営業店の役職員にはわからないように休日に競輪、競馬等のギャンブルを行っていましたが、だれもその事実を知りませんでした。ギャンブルで負けが込んだため、ATMより現金を横領したのです。事故者の心理状態のなかで一番おそれるのは事件が発覚することです。発覚しないよういろいろな偽装をしなければなりません。

事故者がおそれていることは主に4つあります。

### 休暇中に不祥事件が発覚すること

事故者は、いつ事件が発覚するか心配で夜も寝られないこともあるようです。一番おそれていることは連続休暇中などで自分が不在の間に事件が発覚することです。金融検査マニュアルには「管理者は、事故防止の観点から、人事担当者等と連携し、連続休暇、研修、内部出向制度等により、最低限年1回1週間連続して、職員が職場を離れる方策をとっているか。管理者は、その状況を管理し、当該方策を確実に実施しているか」という管理者のチェック項目があり、最低1週間の連続休暇を取得させ、休暇中に不祥事件等防止の観点からチェックをするなどの方策をとることが求められています。したがって、事故者にとって一番困ることは、強制的に連続休暇を取得させられることです。そのため、なるべく休まないようにし、管理業務をしっかり行うことにより、所属長や部下の信頼を得ることにより、事件の発覚を免れようとするものです。

### 本部の内部監査や自店検査で不祥事件が発覚すること

次に事故者がおそれるのは、本部の抜打ち監査や自店検査で事件が発覚することです。事故者は、いつ本部の抜打ち監査が入るか、あるいは本人の休暇中等に本部からの自店検査の一斉の指令が入るかといつも心配しているようです。当然のことですが、本部の抜打ち監査や休暇中の自店検査の一斉の指令があれば事件発覚の可能性は大きくなります。そのため、いつ事件が発覚するか緊張と不安で夜も眠れないという心理状態のようです。営業店長や部下は、事故者が一生懸命業務を行っているので、不正を働いているとは思わず、業務を任せっきりにしてしまうのです。

### 顧客からの問合せ等により不祥事件が発覚すること

事故者は、顧客からの問合せ等により不祥事件が発覚することもおそ

れています。不正が発覚するケースで意外と多いのは、顧客や顧客の親族からの問合せによる発覚です。事故者は、顧客からの問合せで発覚しないように日々対策を考え、実行しています。その内容として、以下の4つが考えられます。

① 顧客を極力来店させず、手続をすべて顧客の住居地において行い、他の役職員との接点をなるべく与えないようにする。
② 顧客の来店や問合せのないように事前に顧客に説明するなどの工作をして、連続休暇等を取得している。
③ 自分の業務を他の役職員にさせずに、すべて自分で行い、牽制機能が働かないようにする。
④ 連続休暇や休暇をさまざまな理由をつけて取得しない。休暇届出を提出していても、顧客からの急な要望のためなどの理由をつけて出勤する。

## 人事異動による他部店への転勤により不祥事件が発覚すること

　事故者は、人事ローテーションによる他支店への転勤についても非常におそれています。特に渉外業務を担当している事故者は、急に転勤を迫られると不正が発覚する確率は高くなるため、転勤することを極端におそれています。また、当然のことながら転勤に伴い不正事件が発覚するケースは多くあります。

　金融検査マニュアルにも「管理者は、事故防止の観点から、人事担当者等と連携し、特定の職員を長期間にわたり同一部署の同一業務に従事させないように、適切な人事ローテーションを確保しているか。やむを得ない理由により長期間にわたり同一部署の同一業務に従事している場合は、他の方策により事故防止等の実効性を確保しているか」という管理者のチェック項目があり、適切な人事ローテーションを確保するよう

求めています。

　適切な人事ローテーションについては、現金を扱う渉外担当者だけでなく、内勤の管理者や派遣職員にも適用しなければなりません。先ほどのケースにもありましたが、ATMを取り扱う内勤の管理者や担当者にも現金横領の機会はありますので、適切なローテーションによる人事異動はすべての役職員を対象に行うべきでしょう。

### 事故者の心理を理解する

　不祥事件が発覚すると、「真面目で、業務もしっかり行い、部下からも信頼を受けているあの人が、なぜ不祥事件を起こしたのだろう」といわれることがよくありますが、事故者は、発覚しないように細心の注意を払い、目立たないようにしているケースが多いように思われます。

　事故者はいつ事件が発覚するかと日々心配しながら業務を行い、慎重に偽装工作を行っています。このような心理状態や行動面の特徴を理解することにより、該当するような役職員がいないかなど、チェックを行う必要があります。

### Q54 早期発見のポイント

不正を早期発見するために日頃から心がけるべきチェックポイントはどのようなものですか。

**A** 残念ながら、不正行為を100％防ぐのは不可能といわざるをえません。そこで、防止できずに顕在化してしまう不正の芽をできるだけ早くみつけて摘み取ることができる態勢を普段から整備しておくことも、未然防止と同様に、非常に重要です。

管理者がどんなに気をつけていても人間の内面で主観的に形成される「動機」や「正当化」を完全に制御することはできませんし、チェックがもれてしまうケースもあります。

そこで、不正・不祥事件対策上、善後策として重要なのが早期発見です。早期発見のためのポイントもチェック項目としてまとめてありますが、全般的なコンセプトは、不正リスクの高まりを敏感に察知するセンスを養うことです。

―― 解　説 ――

## 不正リスクを意識しつつ、健全な懐疑心をもって管理業務を行っているか

「健全な懐疑心」とは、相手（部下）が何か悪いことをしているのではないかと疑ってかかることではありません。部下が作成する書類を点検したり、報告・説明を聞いたりする際に「うのみにしない」ということです。つまり、部下との信頼関係は前提としつつも、「部下も弱い人間だから、失念や勘違いをしたり、都合の悪いことを隠そうとしたりするかもしれない。だから、上司として責任をもって問題がないかどうかチェックしよう」というスタンスを常に維持することです。

◇自分が管理する業務にどのような不正・不祥事件のリスクがあるかを認識しているか。
◇リスクの高い業務プロセスに関する点検をする際には、意識してより注意深く行っているか。
◇ミスや不正の兆候についての感度を高めているか。
◇部下の作成した書類や説明内容に納得がいかない場合は、徹底的に説明を求めているか。
◇部下の説明をうのみにしていないか。

## 不正隠ぺいの兆候を見逃していないか

◇出勤時間が早くなった、退社時間が遅くなった。
◇休暇をとろうとしなくなった。
◇休暇や出張・研修時に特定の顧客への引継ぎを避けるようになった。
◇顧客から預かった通帳・証書等や自動機内現金の精査を積極的に引き受けるようになった。
◇金庫内、倉庫、トイレ、日中の更衣室など、人目につかないところにいることが多くなった。
◇直属の上司以外の役職者に検印を依頼することが多くなった。
◇出勤時に無断で何かを持ち込むようになった、あるいは退社時に無断で何かを持ち出すようになった（出勤時、退社時に紙袋を持ち歩くなど）。
◇異動後も、特定の顧客に関して頻繁に後任の担当者に連絡が入る。

## 業務処理状況の変調を見逃していないか

◇異例扱い、仮扱いの処理が増えていないか。

◇通帳、届出印の紛失による再発行、改印の取扱いが増えていないか。
◇(特定の) 役席キーの使用頻度が増えていないか。
◇現金勘定不突合の頻度が高まっていないか。

## 内部通報制度を周知徹底しているか

現在では多くの金融機関においてなんらかの形で内部通報制度が導入されていると思いますが、内部通報制度は不正・不祥事件の早期発見のための重要なツールです。

営業店においては「内部通報制度を使わなくても、上司に相談できる」環境を整えられるのが理想です。しかし、現実はそうはいかない部分もありますので、「おかしいと思ったら、上司に遠慮なく相談してほしい。ただし、いいにくいこともあるだろうから、その場合には内部通報制度を積極的に利用してほしい」というメッセージを常に発信することが重要です。

営業店管理者の立場からすると、自分の頭越しに自店の不正等が通報されてしまうというのは気分のよいものではないかもしれませんが、不正や不祥事件を早期に発見し、被害を最小限に食い止めるためのツールとしての重要性を理解してください。

◇営業店内に「おかしいことをおかしいといえる」環境は整えられているか。
◇役職者は内部通報制度の内容を十分に理解しているか。
◇パート、派遣も含めた全職員に営業店長自ら内部通報制度の趣旨、利用方法、通報者保護などについて十分に説明しているか。

## Q55 自店検査実施上の留意点

自店検査を実施する際、不正行為の抑止や早期発見の観点から、どのように実施するのが効果的ですか。

**A** 自店検査はモニタリングの一種です。モニタリングとは、ある人の普段の仕事がきちんとできているかを、後日に自店内の別の人が視点を変えて確認する、あるいは検証することを指します。自店検査の効果を高めるためには、自店検査をする側とされる側との双方が、自店検査をなぜするかについて本質的なことを適切に理解したうえで、決められた手続を厳正に実施しなくてはなりません。また、「モニタリングはだれのためでもなく自分たちのためになる」という前向きな意識をもって取り組むことも重要です。

―― 解　説 ――

　自店検査はその名のとおり自店で行った事務処理を自らモニタリング（セルフチェック）するものですが、「別の人が視点を変えて」検査をすることが重要です。セルフチェックといっても、取り扱った本人がチェックするのでは、思込みや自らの間違いは認めたくないという心理から、間違いを見落としやすくなります。ましてや、不正をしている本人であれば隠ぺいするのは目にみえています。人員体制などの問題でむずかしい場合もあると思いますが、モニタリングや検査の意味を考えて対応してください。

　自店検査の効果を高めるためには自店検査が形骸化や恒例行事化しないように工夫することが必要です。事故者にとっては、次にいつ、だれが、どんな項目について自店検査を行うのかがあらかじめ予測できなければ「備える」ことができないため、自店検査は不正を隠ぺいし続ける

ための大きな障害となります。したがって、そのような自店検査がなされていれば不正行為の抑止力にもなります。たとえば、以下のような工夫をすることにより、「いつチェックされるかわからない」という緊張感を営業店内に醸成し、相互牽制の機能を高めておくことによって、より実効性の高い自店検査を行うことが可能になります。

　自店検査実施に関する注意点は以下のとおりです。
　　◇自店検査が営業店内で形骸化したり恒例行事になったりして緊張感がなくなっていないか。
　　◇点検者は客観的な視点で検査を実施しているか。
　　◇検査対象業務を担当・管理している者に自店検査を任せてしまっていないか。
　　◇適宜抜打ち検査を行うなど、予測不可能な方法、内容で実施する工夫をしているか。
　　　⇒週次点検の場合の曜日、月次点検の場合の日にちをランダムに選ぶ（毎週水曜日、毎月15日という方法はとらない）。
　　　⇒不正リスクの評価をふまえて、毎回個別に異なる点検項目を盛り込む。
　　◇自店検査の結果浮き彫りになった問題点を店内で共有し、内部管理態勢の改善に具体的に生かしているか。
　　　⇒ATM内現金の在高精査を行うタイミングを事前に知らせないようにし、ランダムに実施する。また、できるだけすべてのATMについて一斉に精査をする。時間的制約などからそれが不可能な場合は、精査する順番に法則性をもたせないとともに、それぞれのATM、あるいは金庫とATMとの間で現金の授受がないようにし、ATMを1台ずつ精査する。
　　　⇒当日突然に渉外担当職員の訪問先に同行して、仕事ぶりを確認する。

◇自店検査内容のエビデンス添付を義務づけるなど、自店検査の形骸化を防いでいるか。

　また、自店検査は実施記録を残すことが目的ではありません。事務リスクの観点から問題を浮き彫りにし、それを営業店内で共有し、改善に生かしてはじめて意義のある自店検査となるのです。

　不正の防止・抑止への取組みにはどうしても限界があります。善後策としての早期発見にも積極的に取り組む価値は高いといえます。自店検査や内部監査によるモニタリング機能の向上、内部通報制度の効果的な運用などが重要なポイントとなります。

## Q56 職員の家族や知人との取引

職員の家族や知人との取引について、営業店の管理者としてどのような注意が必要ですか。

**A** 家族や親戚、知人などの取引であっても例外的な取扱いは認めず、一般顧客同様の取扱いをすることが必要です。さらに、本人以外の職員を担当者とするなどの配慮が望ましいと考えられます。

---

### 解　説

　銀行取引はそもそも信用から成り立っているものなので、その点から考えると、個人的な信頼関係から取引が始まることは往々にしてあることです。

　また、営業店において、個人の成績が不振なときなどに知人や親戚などの「お願い」できる先に取引を依頼することもよくあることです。

　特に家族や親戚、知人との取引は、取引の原因が個人的な信頼関係の上に成り立っているため、顧客からのチェックも甘くなりがちで、不正が長期にわたって発覚しない場合も多くあります。

　営業店の管理者は、新規取引開始時の経緯確認を含め、以下の点などに留意しながら、取引の適切性を確認してください。

　　◇個人的な関係による取引なので、休日や夜間など、勤務時間外のプライベートな時間に取引を行いがちになりますが、そのような行為は原則禁止するとともに、やむをえず認める場合であっても、預り証を交付することを怠ったり、印鑑を預かるなど、一般的な取引で禁止されていることを許してはいけません。

　　◇当該顧客の住所が遠隔地である場合では、最寄の支店との取引とし、職員が知り合いだからといって例外的な遠隔地取引はしては

いけません。ましてや、職員の転勤とともに預金取引を持ち回るようなことは絶対にしてはいけません。

◇家族、親戚、知人との取引では、預金だけでなく融資取引でも注意が必要です。「名義を借りるだけ」などといって、資金の必要がないのに融資の申込みをさせたり、印鑑を預かり本人になりすまして融資の申込みをしたりして、結果、融資金を着服するなどの事例が発生しています。日頃から、融資の申込みについてはその経緯を確認するなど、不自然な申出ではないか確認する態勢が必要です。

◇カードローンのカードを顧客から預かり、不正に使用する事例も発生しています。カードローンの利用明細は必ず債務者本人の自宅に通知することとし、明細送付を不要とする、自宅以外への通知とする場合などは、その理由まで確認することが必要です。

以上のように家族や親戚、知人との取引であっても、銀行取引においては一般顧客と変わりはなく、特別な扱いをしてはなりません。

逆に特別な扱いを避ける意味でも、個人的な関係に基づく取引の場合は担当に別の者を指名するなど、本人１人で取扱いが完了できない仕組みをつくることが必要です。

## Q57 部下・同僚からの報告・相談への対応

部下や同僚などから部店内の不正について報告や相談を持ちかけられた場合、どのような点に留意して対応しなければなりませんか。

**A** 一般に内部告発というものに慣れていない日本の企業で同じ職場内の不正について相談を持ちかけられるというのは、多分に確信的で事態は深刻であると考えなければいけない状況であることが多いと思われます。その前提で、慎重な対応が必要です。

### 解説

現在では、金融検査マニュアルでも記述があることもあり、金融機関ではヘルプラインやホットラインなどの名称で内部通報制度が導入されていると思います。しかし、通報制度の存在や利用方法が十分に周知されていなかったり、「だれが通報したかわかるのではないか」「そうしたら報復を受けたり、職場にいづらくなるのではないか」という不安感をもったりするからか、実際には十分に機能していないケースも多いようです。

内部通報とはそもそも直属の上司にいえない、相談できない場合に利用されるものであり、営業店においては、内部通報を利用することなく、店内で通報を受け付け、自ら是正措置を講ずることが理想です。そのためには「上司や同僚に相談できる」環境を整えることが大切で、管理者は日頃から些細な相談などでも親身になって話を聞き、迅速に対応するよう心がけ、また、そのような姿勢を示しておかなければなりません。

正式な内部通報制度を利用した通報ではなく、部下から直接相談など

の形で寄せられたものであっても、それが「公益通報」であれば、公益通報者保護法や組織内の内部通報規程などを遵守しつつ、通報者の保護、通報の秘密保持に十分留意した対応が求められます。そのためにも、営業店長以下の管理者全員が関連法規について日頃から理解を深めておく必要があります。

　事実確認調査が必要な場合には、機密保持を徹底するため、担当を必要最低限に絞ったうえで、所管部門と協調して進めることが大切です。いずれにせよ、自店だけで解決しようとせず、必要に応じて関連本部の協力を仰ぐことも検討のうえ対応してください。

　営業店は少人数で運営されていることが多く、情報の統制を徹底することはむずかしいと思いますが、間違っても「だれが通報したか」を詮索したり、他の職員の前で通報の内容を安易に口にしたりすることのないよう、細心の注意を払わなくてはなりません。また、通報者だけでなく通報された当事者の人権、プライバシー保護にも留意する必要があります。

　安心して通報できる環境であることを役職員に認識してもらわないと内部通報制度は有名無実化してしまいます。本支店一体となって一件一件の通報に誠実に対応することが、内部通報制度の実効性を高め、不正・不祥事件の未然防止・早期発見への対応力を高める鍵となります。

　内部通報制度を有効に機能させるためのチェックポイントは以下のとおりです。

　　① 日常の注意点（相談・通報を持ちかけられるために必要なこと）
　　　　◇日頃から些細なことでも相談を持ちかけられるよう、コミュニケーションをしているか。
　　　　◇まずは、「部下の話を聞いてくれる上司である」ことを態度で示しているか。
　　　　◇相談や提案を放置することなく、的確に対応し、フィードバッ

クしているか。
② 通報を受け付けた場合の注意点
　◇通報者の話をよく聞き、事実を調査し、適切な対応をすることを明確に伝える（このとき、通報者の望む処置（結果）がなされるとは限らないことも併せて伝える）。
　◇通報内容から、必要に応じ本部に報告する。
　◇情報統制のうえ、事実調査は迅速に行う。
　◇当事者への面談は、予告なく、個別に実施する。
　◇調査や対応に時間がかかる場合は、随時、途中経過を通報者に報告し、通報者が孤立することがないよう配慮する。
　◇調査結果と対応とを通報者に伝える。

## Q58 不正発覚後の対応

不正が発覚した場合、事故者の処遇、情報の管理、調査への協力や事後対応ではどのような対応が必要ですか。

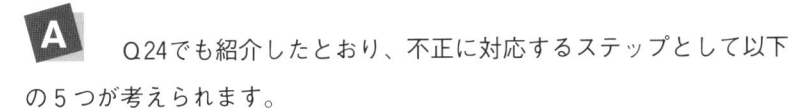

**A** Q24でも紹介したとおり、不正に対応するステップとして以下の5つが考えられます。

① 未然防止
② 抑止
③ 早期発見
④ 調査
⑤ 損失回復と再発防止

ここでは、事故発覚後の④「調査」⑤「損失回復と再発防止」がポイントになります。まず速やかに事実関係を確認し、損害額の把握および損失の回復、被害者への対応、原因究明および改善策の策定、関係者の処分などを行わなくてはなりません。発生してしまった損失（金銭的な損害、風評の悪化など）をできる限り回復できるよう、事態の収拾を図らなくてはなりません。また、発生原因を分析し再発防止に全力を尽くすことも重要です。

―― 解　説 ――

### 調　査

万一不正が発生した場合には、速やかに事実関係を確認し、損害額の把握および損失の回復、被害者への対応、原因究明および改善策の策定、関係者の処分などを行わなくてはなりません。また、不祥事件に該当すれば発覚から30日以内に当局に報告する必要がありますので、調査は速やかに行わなければなりません。

(1) 組織体制
　　◇調査の手順をあらかじめ十分に検討する。
　　◇調査の所管部署を明確にし、調査の指示や入手した情報を一元管理する。
　　◇調査の手順を十分検討し、関係者に周知する。
　　◇内部通報をもとに調査を進める場合、調査実施の有無、進捗状況について通報者に適宜フィードバックをする。

(2) 調査記録、証拠書類等の保全
　　◇伝票や帳票類等の証拠書類は隠ぺいされないよう確保する。
　　◇調査の記録を文書化する。
　　◇調査の妨げになるようなうわさが広がらないよう、情報統制をする。

(3) 面接方法
　　◇面接には十分な事前準備をもって臨む。
　　◇面接は突然に行う。本人に準備する余裕を与えない。
　　◇プライバシーを十分に保つことができる環境で実施する。
　　◇まずは疑惑の存在について言及し、「なぜあなたがここに呼ばれたのかわかりますか」「何か私に話すことはありませんか」などの質問により自白を促す（この段階で観念して認める場合も少なくない）。
　　◇認めない場合は、証拠を示しつつ毅然とした態度で自白を促す。証拠が複数ある場合は、原則として1つずつ、重要度の低いものから示していく。
　　◇本人を不当に非難したり、人間性を否定したりするような発言は厳に慎む（自白を求める場合であっても、自発的な供述を促すために、本人に対する傾聴や共感の姿勢をもつことが必要である）。
　　◇被疑者の人権に対する配慮をおこたらない。

(4) **客観的な調査**
　◇証言や物的な証拠に基づき、客観的な視点で調査をする。
　◇当初得られた情報を客観的に分析し、さまざまな可能性を検討する。
　◇不確定な情報をもって不正行為の有無（犯人）を決めつけない。
　◇疑惑に対する反証（疑惑の対象者は無実であるという証拠）の有無も十分に吟味する。
　◇調査を本格的に進めるにあたり、専門家の助言を適切に仰ぐ。

## 損失回復と再発防止

　調査の結果、不正・不祥事件の事実が明らかになったら、発生してしまった損失（金銭的な損害、風評の悪化など）をできる限り回復できるよう、事態の収拾を図らなくてはなりません。また、発生原因を分析し再発防止に全力を尽くすことも重要です。自店検査や内部監査、さらには内部通報や顧客からの照会・苦情などにより不正・不祥事件の疑惑が発覚した場合には、速やかに事実関係を確認して、当局への届出などの情報開示、損失の回復、関係者の処分などを適切に行わなくてはなりません。

(1) **被害者への謝罪、損害の賠償**
　◇被害者および被害金額の確定を速やかに行う。
　◇被害者への事情説明、謝罪、損害の賠償を遅滞なく行う。

(2) **事故者ならびに関係者の処分**
　◇懲戒規程の内容に従った厳正な処分をする。
　◇事件の重大性や過去の処分状況、専門家の助言をふまえた厳正な処分とする。
　◇刑事告訴を含めた検討を行う。

(3) **ステークホルダーに対する事実関係の開示**
◇確認した事実に基づきプレスリリース等による適時・適切な情報開示を行う。
◇特に組織内にあらぬ憶測やうわさが広まらぬよう、関係者のプライバシー、人権に配慮のうえ、役職員に適切な情報を提供する。

(4) **改善策の実施**
◇不正リスク要因(動機、機会、正当化)の観点から事件の原因を整理し、当該営業店および全社的な内部管理態勢の問題点を徹底的に検討する。
◇原因分析をふまえ、改善策を明確化する。
◇改善策を実行に移し、実施状況のモニタリングを実施する。

## Q.59 現預金の厳正な取扱い

金融機関の営業店では、現預金を取り扱う際、不正防止の観点から何に留意すべきですか。

**A** 職業上の不正にはさまざまな形態がありますが、ACFEでは①資産の不正流用、②不正な報告、③汚職の3類型に大別し、さらに40以上の手口に類型化しています。「資産の不正流用」のなかでも金融機関の営業店でもっとも起こりやすいのが「現預金の不正流用」です。

「現預金の不正流用（横領）」はさらに「スキミング（入金処理前の着服）」「ラーセニー（入金処理後の着服）」「不正支出」の3つに分類されます。ここでは、スキミングとラーセニーについて述べます。

### 解説

### スキミング（入金処理前の着服）

「現金を（金融機関の会計システムに）入金処理する前に着服する」不正行為をスキミングと呼びます。

「預金作成資金」「投信購入資金」「振込資金」「納税資金」「銀行宛の手数料や返済資金」などを顧客から預かってから入金処理するまでの間に着服する行為がスキミングです。スキミングの手口には以下のようなものがあります。

① 不計上・過小計上

渉外担当者が顧客を訪問し、顧客の売上金を集金後、入金処理せず全額着服するケース（不計上）や、集金した金額の一部のみ入金処理し残額を着服する（過小計上）ケース。

② 帳簿からの抹消

不良債権回収担当者が、自ら延滞先に出向いて現金で受領した

返済元利金を入金せずに着服するケース。着服を隠ぺいするため、これ以上の回収は困難という虚偽の交渉記録を自ら作成し、管理者権限を悪用して、当該債権の償却オペレーションを行っていました。

③　ラッピング

1件目の不正流用を隠ぺいするために他の顧客の預金に手をつける手口をラッピングといいます。3件目、4件目というように不正流用の連鎖が発覚するまで続くことになります。

ラッピングによる隠ぺいは顧客の現預金の不正流用事例において最も頻繁に用いられる隠ぺい方法です。

スキミングは会計システムに計上する前に発生するので、突き合わせるデータがなく、その発見は困難であるといえます。帳簿への不計上やラッピングによる着服は被害者が「何かおかしい」と感じて金融機関に照会することが発覚のきっかけとなるケースが多くあります。「顧客の声」はサービスの向上だけでなく不正リスクを検知する手段としても有効です。

発見が困難であれば、発生させないことが最も重要です。顧客と直接接点をもち、単独で現金を授受する渉外業務、窓口業務担当者に生じやすいといえます。特に単独で外回りをする渉外担当者は顧客以外にはだれにもみられない状況で現金を預かりますから、営業店内で仕事をする窓口担当職員よりもさらにリスクが高いといえるでしょう。未然防止のためには次のようなポイントに留意した内部管理態勢の強化が必要です。

①　担当者に対して、現金取扱いにかかる不正リスクとそれを防止する事務規程の内容、意義とを再徹底する。

担当者の不正リスクに対する認識を高めることが未然防止の第一歩です。自分たちが担当する業務にどのような不正リスクが存

在するか、そのようなリスクを顕在化させないことがいかに自分にとって重要か、各事務規程が不正の未然防止にどう役立つかなどを認識すれば、各担当者の事務規程遵守のマインドが高まります。

② 渉外担当者とのコミュニケーションを密にし、行動に目を配る。

常時モニタリングするのは費用対効果の面から不可能ですが、業務の流れのなかで要所を押さえたチェックを徹底することは可能です。次のようなチェックポイントが重要です。

◇管理者が毎日、朝の出発前、午後の帰店後すぐに各担当者からその日の行動予定と結果の報告を受ける。

◇預かり証の記載内容と預かり品とを当日中に必ず点検する。

◇私用のかばん（袋）等の執務室持込を厳禁とし、渉外用かばんの中身は帰店後すぐに空にさせて金庫に収納する。

◇通帳や証書は速やかに返却させ、長期預かりの放置を防ぐ。

## ラーセニー（入金処理後の着服）

「（金融機関の会計システムに）入金処理された後の現預金を着服する」という行為をラーセニーと呼びます。

金融機関においては金庫内やATM等の自動機内に保管されている現金がラーセニーの対象となります。

ラーセニーはすでに会社に入金（記帳）された現預金を着服するため、スキミングに比べて実行・隠ぺいがむずかしいといえます。特に金融機関では金庫内やATM内の現預金残高精査が厳格かつ頻繁に行われますから、発覚しやすいはずです。しかし、相互牽制やモニタリングが甘い、少額の着服を繰り返す、現預金の管理者自身が着服するなどの場合には、長期間発覚しない場合もあります。

ラーセニーは帳簿（会計システム）に記録されている資産を盗む行為ですから、現預金の残高照合や在庫の棚卸しを的確に行っていれば、基本的には短期間のうちに発覚するはずです。したがって、防止・発見のポイントは「ルールで定められたチェックを着実に行う」ことに尽きるでしょう。

　特に金融機関の場合は現金取扱いに関するルールは厳格に定められており、そのルールどおりに事務処理や点検がなされれば、ほとんどのラーセニーは即座に発覚するはずです。しかし実際には、営業店運営の効率化・少人数化などにより、「規程では2人で確認することになっていたが当事者1人に任せていた」などのルール軽視が起こり、上記の事例のような不正リスクを顕在化させてしまうケースが少なくありません。そこに、「不正・不祥事件をゼロにする」ことのむずかしさがあるといえます。

## Q60 ルールの不徹底がもたらす不正・不祥事件

金庫の開閉・入退室、ATM等自動機の精査、夜間金庫からの集金などに関しては厳格なルールがあるにもかかわらず、不正・不祥事件が発生するのはなぜでしょうか。

**A** 金庫の開閉・入退室、ATM等自動機の精査・回収・装てん業務、夜間金庫からの集金業務などは、各金融機関に厳格な事務処理の規程やマニュアル等がありますが、①人員不足を理由に金庫の開閉・入退室を規程どおりに行わない、②効率化などの理由によりATM等自動機の精査・回収・装てん業務を単独で行っていた、③規程どおりのローテーション・休暇取得を行っていなかったなどの理由から現金横領の不正事件が多く発生しています。

―― **解　説** ――

各金融機関には金庫の開閉・入退室、ATM等自動機の精査・回収・装てん業務、夜間金庫からの集金業務などに関する厳格な事務規程やマニュアル等があり、法令等遵守の研修などを通じて不正事件発生の防止に向けた取組みがなされています。しかしながら、実際には多くの不正事件が発生しています。

これらの業務には多額の現金を取り扱う機会があることから、顧客から預かった現預金の横領と同様に、不正の発生リスクが非常に高くなっています。金庫の開閉・入退室時やATM等自動機の精査・回収・装てん業務の問題点、さらには業務のローテーションや連続休暇未取得などの項目から不正事件の発生理由を考えましょう。

### 金庫の開閉・入退室

　日中頻繁に金庫の出入りがあることを理由に内扉を開けっ放しにしておき、鍵は管理者が放置またはポケットに入れたままにしておいたことから、だれでも自由に金庫室内に入ることができました。そのため、金庫室内に入る権限のない職員や派遣職員が金庫室内から現金を持ち出しました。

　金庫開閉簿の厳格な取扱いや鍵管理機の厳格な取扱いによる現金着服の防止を行うことが求められます。また、金庫の開閉・入退室による金庫内からの現金横領は毎日の締上げや自店検査、本部監査などによりすぐに発覚する可能性が大きいため、内勤の管理者による単独の犯行のケースが多く発生しています。業務知識が豊富な内勤役席が不正事件を起こす確率は高まっています。

### ATM等自動機の精査・回収・装てん業務

　ATM等自動機の精査・回収・装てん業務については、規程上は複数名による実施が求められています。業務効率化による人員不足や忙しさから、複数名立会いが義務づけられているにもかかわらず、単独で担当職員に実施させて不正が発生したケースが多くあります。回収や装てんは職員2人以上で行う規程になっていましたが、事故者が「立会い者が目を離したすき」に着服したケースもあれば、事故者がベテランの管理者で「自分がすべて回収・装てんを行うから、立会い者である君はここへ印鑑を押しておいてくれればよいよ」といって着服を繰り返していたケースもあります。

　定期的な自店検査や本部監査時には、着服したATM等自動機以外のATM等自動機からたくみに現金を移し替えるなどをして現金と仮払金勘定とを突合させていたのです。

### ATM等自動機の精査・回収・装てん業務についてのローテーションや休暇取得

　ATM等自動機の精査・回収・装てん業務についてローテーションをしなければいけなかったものの、ベテラン職員でまじめで休暇もとらず一生懸命行うことから、支店長は信頼して任せっきりになっていたことから、不正が発生したケースがあります。

　事故者は、ATM等自動機からの横領がいつ発覚するか心配で休暇も取得せずまじめを装っていました。ローテーションを厳格に行い、かつ連続休暇の取得を厳格に実施させることが不正を防ぐ有効な手段となります。

　また、人員効率化という理由で同一業務に長期間担当させると不正発生リスクが高くなります。ATM等自動機からの横領事件の多くは長期間ATM精査業務等に携わっていたケースが多くあります。各金融機関で異動や担当業務の変更ルールなどの厳格な対応が求められます。

## Q61 店舗レイアウト・重要物保管

不正防止の観点から、店舗のレイアウトや現金などの重要物の保管にはどのような注意が必要ですか。

**A** 現金を着服するためには、必ずどこかで「人知れず」現金を自分のポケットや私用のかばんなどに移し替えて持ち出さなくてはなりません。そのためには、機械室のような「隠れて現金を取り扱える場所」が必要です。

管理者は、支店、出張所、派出先の建物、執務スペースの構造を把握し、管理者、他の担当者の目が届かない場所で（不適切な）現金の取扱いができる「死角」の存在を認識し、対応することが必要です。

――解　説――

たとえば、多層構造になっている店舗で職員の出入りが少ないスペース、つい立てや壁などにより周囲からみえにくいスペースなどが「死角」に該当します。

そのようなスペースがある場合には、レイアウト変更をする、施錠して立ち入れないようにするなどの工夫により、まずは死角によるリスクをなくすことを検討します。構造上の制約等で変更がむずかしい場合は、死角となる場所での作業は必ず2名以上の複数で行うこととするなどの措置をすることなども検討してください。死角となっていない場所でも現金を取り扱う場所には監視カメラを必ず設置してください。

店舗内においても、現金を収受する場所がパーティションなどにより隔離されないようにレイアウトを工夫し、他人の目が行き届くようにする（現金の授受、収納を行う箇所にはモニタリング用のビデオカメラの設置を検討することも必要でしょう。ただし、設置にあたっては、職員に対して

目的を十分に説明する必要があります）。

　私用のかばんの執務室への持込禁止、渉外専用かばんの中身のチェックを励行することなどの措置も有効な抑止力となります（ルールはすでにあると思いますが、いかに徹底できるかがポイントです）。

　重要物を保管するキャビネットなどの鍵の管理も重要です。鍵の使用者、使用（持出）時間まで管理できるキーボックスで厳重に管理することは必須条件です。使用履歴が残ることは抑止力にもなります。日頃から頻繁な使用や長時間の使用をしている場合などは、その理由を確認するなどして、厳重に管理していることを知らしめておくことも必要です。

　また、早朝、夜、休日の時間外勤務や自宅への書類の持帰りも「目が行き届かない」状況を作り出すということに留意しなくてはなりません。勤務時間の管理、書類の自宅への持帰りの管理は不正防止の観点からも重要です。

　以上をまとめると、ポイントは以下のとおりです。

　　◇営業店の建物の構造、レイアウトは熟知しているか。
　　◇一時的に何かを隠せる場所、人目を避けて作業ができる場所はないか。
　　◇死角がある場合は監視カメラの設置、出入りの制限など代替措置を検討しているか。
　　◇現金や重要印刷物を扱う場所は周囲の目が届く範囲に限定されているか。
　　◇現金や重要印刷物等の保管場所の鍵の管理を徹底しているか。
　　◇朝、夜、休日の時間外勤務を単独で行う者はいないか。
　　◇「持帰り」仕事が恒常化している者はいないか。
　　◇私用かばんを営業室に持ち込ませていないか。

## よくわかる金融機関の不祥事件対策

平成21年6月8日　第1刷発行
平成25年2月7日　第2刷発行

|  |  |
|---|---|
| 編　者 | 日本公認不正検査士協会 |
| 著　者 | 甘粕　　潔・宇佐美　豊 |
|  | 杉山　　知・土屋　隆司 |
| 発行者 | 倉　田　　勲 |
| 印刷所 | 株式会社日本制作センター |

〒160-8520　東京都新宿区南元町19
発　行　所　社団法人 金融財政事情研究会
　　編集部　TEL 03(3355)2251　FAX 03(3357)7416
販　　売　株式会社きんざい
　　販売受付　TEL 03(3358)2891　FAX 03(3358)0037
　　URL http://www.kinzai.jp/

Ⓒ2009 Association of Certified Fraud Examiners, Inc. All rights reserved

・本書の内容の一部あるいは全部を無断で複写・複製・転訳載すること、および磁気または光記録媒体・コンピュータネットワーク上等へ入力することは、法律で認められた場合を除き、著作者および出版社の権利の侵害となります。
・落丁・乱丁本はお取替えいたします。定価はカバーに表示してあります。

ISBN978-4-322-11406-5